中等职业教育国家规划教材配套教材

汽车与配件营销

王 杰　王文村　主编

人民交通出版社股份有限公司
China Communications Press Co.,Ltd.

内 容 提 要

本书是中等职业教育国家规划教材配套教材之一。全书主要内容包括：我国汽车市场、汽车与配件市场营销环境分析、汽车与配件市场调查和预测、汽车与配件营销策略、汽车配件的管理与销售、汽车与配件营销的商务活动、汽车与配件电子商务及网络营销。

本书可作为汽车运用与维修专业的教材，也可供从事汽车与配件营销工作的人员学习参考。

图书在版编目（CIP）数据

汽车与配件营销／王杰，王文村主编. —北京：
人民交通出版社股份有限公司, 2017.2
中等职业教育国家规划教材配套教材
ISBN 978-7-114-13548-4

Ⅰ.①汽… Ⅱ.①王… ②王… Ⅲ.①汽车—市场营销学—中等专业学校—教材 ②汽车—配件—市场营销学—中等专业学校—教材 Ⅳ.①F766

中国版本图书馆 CIP 数据核字(2016)第 314607 号

书　　名：	汽车与配件营销
著 作 者：	王　杰　王文村
责任编辑：	时　旭
出版发行：	人民交通出版社股份有限公司
地　　址：	(100011)北京市朝阳区安定门外外馆斜街 3 号
网　　址：	http://www.ccpress.com.cn
销售电话：	(010)59757973
总 经 销：	人民交通出版社股份有限公司发行部
经　　销：	各地新华书店
印　　刷：	北京市密东印刷有限公司
开　　本：	787×1092　1/16
印　　张：	8.5
字　　数：	195 千
版　　次：	2017 年 2 月　第 1 版
印　　次：	2017 年 2 月　第 1 次印刷
书　　号：	ISBN 978-7-114-13548-4
定　　价：	20.00 元

(有印刷、装订质量问题的图书由本公司负责调换)

前　言

本套教材是中等职业教育国家规划教材的配套教材,自 2003 年出版以来,以其结合各地汽车维修行业的生产实际、体现以人为本的现代理念、注重对学生创新能力的培养、具有较强针对性等特点,受到了广大职业院校师生的欢迎。

为贯彻《教育部关于深化职业教育教学改革全面提高人才培养质量的若干意见》(教职成〔2015〕6 号)提出的"对接最新职业标准、行业标准和岗位规范,紧贴岗位实际工作过程,调整课程结构,更新课程内容,深化多种模式的课程改革",响应国家对于汽车运用技术领域高素质专业实用人才培养的需要,更好地贴近汽车运用与维修专业实际教学目标,人民交通出版社股份有限公司对本套教材进行了修订。本次修订以《中等职业学校专业教学标准(试行)》为标准,以职业教育人才培养模式和宗旨为导向,注重实践能力的培养,吸收教材使用院校师生的意见和建议,经过与编者的认真研究和讨论,确定了修订内容。

《汽车与配件营销》介绍了我国汽车市场的发展现状,对市场营销的环境进行了分析,并据此阐述了营销策略;详细地介绍了汽车配件的类型、编号规则、订货管理、仓储管理、销售及售后服务等方面内容;对于汽车与配件营销的商务活动以及电子商务和网络营销,也进行了详尽的阐述。本书贴近教学实际,内容力争求新求全。每个章节配有小结、思考与练习,有助于学生学习时抓住重点,巩固所学的知识内容。

本书由日照市技师学院王杰、王文村担任主编,由日照市技师学院王彦喜、朱建勇、韩盟担任副主编。第一章、第二章由王彦喜编写,第三章由朱建勇编写,第四章由韩盟编写,第五章、第六章、第七章由王杰、王文村编写。

本书在编写过程中,得到了部分汽车修理厂家和汽车 4S 店的支持,在此表示感谢。

由于编者经历和水平有限,书中难免有不足之处,敬请广大读者及时提出修改意见和建议,以便修改和完善。

编　者

2016 年 8 月

目　　录

第一章　我国汽车市场 ·· 1
　第一节　我国汽车市场的发展 ·· 1
　第二节　各类汽车市场的特征 ·· 3
　本章小结 ··· 8
　思考与练习 ·· 8
第二章　汽车与配件市场营销环境分析 ··· 9
　第一节　汽车与配件市场营销的宏观环境 ·· 9
　第二节　汽车与配件市场营销的微观环境 ·· 12
　本章小结 ··· 15
　思考与练习 ·· 15
第三章　汽车与配件市场调查和预测 ·· 17
　第一节　汽车与配件市场调查的内容 ·· 17
　第二节　汽车与配件市场调查的步骤 ·· 21
　第三节　汽车与配件市场调查的方法 ·· 25
　第四节　汽车与配件市场需求预测 ·· 27
　本章小结 ··· 33
　思考与练习 ·· 33
第四章　汽车与配件营销策略 ··· 35
　第一节　汽车与配件的价格策略 ··· 35
　第二节　汽车与配件的分销渠道策略 ·· 41
　第三节　汽车与配件的促销策略 ··· 56
　本章小结 ··· 61
　思考与练习 ·· 62
第五章　汽车配件的管理与销售 ·· 64
　第一节　汽车配件的类型及编号规则 ·· 64
　第二节　汽车配件的订货管理 ·· 70
　第三节　汽车配件的仓储管理 ·· 74
　第四节　汽车配件的销售 ·· 82
　第五节　汽车配件的售后服务与保修索赔 ·· 84

本章小结 ………………………………………………………………………… 93
　　思考与练习 ……………………………………………………………………… 93
第六章　汽车与配件营销的商务活动 ……………………………………………… 95
　　第一节　商务活动场地布置 …………………………………………………… 95
　　第二节　财务核算流程 ………………………………………………………… 101
　　本章小结 ………………………………………………………………………… 108
　　思考与练习 ……………………………………………………………………… 109
第七章　汽车与配件电子商务及网络营销 ………………………………………… 110
　　第一节　电子商务的基本知识 ………………………………………………… 110
　　第二节　电子商务的关键技术 ………………………………………………… 118
　　第三节　网络营销 ……………………………………………………………… 124
　　本章小结 ………………………………………………………………………… 127
　　思考与练习 ……………………………………………………………………… 128
参考文献 ……………………………………………………………………………… 129

第一章　我国汽车市场

学习目标

1. 掌握汽车市场的形成及运行特征；
2. 能叙述国内大型、中型、轻型、微型货车市场状况；
3. 能叙述国内大型、中型、轻型、微型客车市场状况；
4. 能叙述国内乘用车市场状况。

普华永道预计，2011—2018年，全球车市的增长将有83%来自新兴市场，尤其是亚太地区。虽然诸多市场因素会造成中国汽车增速放缓，但普华永道仍然看好中国汽车市场。相对于美国和欧洲等成熟汽车市场来说，中国汽车市场的长期前景依然强劲。随着中国宏观经济走向日渐明朗以及对一些政策的调整，普华永道 Autofacts 预测，到2018年，全球轻型汽车的产量将达到1.06亿辆，其中，中国占2730万辆。

第一节　我国汽车市场的发展

一　我国汽车市场概述

我国汽车市场的形成过程，与西方国家存在着较大差别。西方国家的汽车市场是在其商品经济发展过程中自然形成的，而我国的汽车市场是通过经济体制改革手段形成的。我国汽车市场的形成过程大体可以分为以下3个阶段。

1. 孕育阶段

1978年以前的计划经济时期，国家对汽车实行统一生产、统一分配，汽车产品严重短缺，其主导车型是生产用的货车和乘务用的吉普车、城市公交车。

国家对汽车产品的指令性计划由1980年的92.7%下降到1984年的58.3%，这表明计划管理有了较大松动。由于在这一阶段，指令性计划对汽车的生产与流通仍占主导地位，企业自销与市场机制只是处于补充地位，计划体制没有根本改变，汽车市场尚未真正形成。

2. 诞生阶段

1978—1991年是我国经济体制转轨时期，计划经济向市场经济过渡，也是汽车市场逐步形成的时期。

1983年4月，国家规定汽车生产企业有一定比例的产品自销权，至此，打破了汽车由国家统一分配的传统体制，随着企业自主权的迅速扩大，国家指令性计划在汽车工业中所占比重已经显著降低。1984年国家指令性计划所占比重下降至58.3%,到1992年降至15%,市场经济开始起决定性作用,我国汽车市场基本形成。从1992年至今,中国的改革进入建立社会主义市场经济体制的新阶段。汽车的价格处于市场化的进程之中,汽车市场由政府出面或在政府指导下组建。1995年,以北京亚运村汽车交易市场为代表的有形汽车市场出现。

在这一阶段,市场机制对汽车生产、流通和使用的作用越来越大,并上升至主导地位,可以说,我国的汽车市场已经全面形成。

3. 市场主体多元化成长阶段

1999年我国开始全面进入市场经济建设阶段,并持续至2001年或稍后一段时间,汽车工业基本发展成为国民经济支柱产业,汽车工业在数量和品种结构方面,基本满足了国内市场需要,市场主体以私人消费为主导,从而使汽车市场转入私人消费主导阶段。

我国从2001—2008年花费8年的时间才完成了乘用车高速发展阶段,乘用车销量由2001年最初的86万辆剧增至2008年的570万辆,增长了近6倍,年平均增长率达30.4%;我国从2009年开始进入乘用车平稳快速发展期,轮胎、安全带、安全气囊等汽车配件产业发展也随之放缓,竞争更加激烈。另外,随着我国能源消费量的不断攀升,环境污染问题越来越严峻,特别是对于防范雾霾天气及控制PM2.5的呼声不断高涨,使得其对于节能减排型汽车的需求尤为迫切。新能源汽车(包括电动汽车、燃料电池汽车、氢能汽车和太阳能汽车等)和环保燃料汽车(天然气等气态燃料汽车、甲醇等含氧燃料汽车及混合动力汽车等)能够有效减少传统汽油、柴油车的排放污染,具有很好的发展潜力。

综上所述,我国汽车市场的形成与发展,必将为我国汽车企业提供更大的市场营销空间。汽车企业应充分重视汽车与配件营销的研究工作,来面对严酷的竞争舞台。

二 汽车市场的区域特征

汽车市场的区域特征,即在全国总的国民经济宏观环境下,某一行政区域或省份的经济发展状况、自然地理条件及其有关汽车购买、使用等方面的地方性政策。在汽车市场的众多影响因素中,汽车市场的区域特征存在以下几点:

(1)经济发达地区汽车拥有数量高,增长速度快。据公安部交管局统计,截至2016年6月底,全国机动车保有量达2.85亿辆,其中汽车1.84亿辆;机动车驾驶人达3.42亿人,其中汽车驾驶人2.96亿人。从分布情况看,全国有46个城市的汽车保有量超过百万辆,其中北京、成都、深圳、重庆、上海、苏州、天津、郑州、西安、杭州、广州、武汉、石家庄、南京、青岛、东莞16个经济发达城市汽车保有量超过200万辆。

(2)人口大省汽车市场容量较大,中等发达程度的疆域大省汽车市场也很有潜力。例如云南省和黑龙江省2014年私人汽车拥有量分别位居全国的第十位和第十九位。

(3)绝大多数地区货车的保有量大于客车的保有量,但客车保有量的年均递增速度快于货车保有量的年均递增速度。截至2016年6月底,小型载客汽车保有量达1.47亿辆,新注册登记量达1169万辆,比2015年同期提高166万辆,同比增长16.57%。其中,以个人名义登记的小型载客汽车(私家车)超过1.35亿辆,上半年新注册登记量达1085万辆。与此同时,全国载货汽车保有量达到2143万辆,与2015年底相比,增加71.8万辆,增长3.47%。新注册登记量达127万辆,比2015年同期提高26万辆,同比增长25.54%。从统计情况看,载货汽车新注册量自2014年下半年持续走低以来,2016年上半年开始回升。

(4)北京、上海、海南等省市客车保有量大于货车保有量,这代表着经济发展对汽车需求结构发展的必然要求。

第二节　各类汽车市场的特征

一　汽车产品结构分析

中国汽车市场改革开放以来,在产品结构方面出现了几次大的变动,直接影响了汽车行业的格局。

20世纪70年代末到80年代初期,我国汽车产品主要以载货汽车为主。载货汽车占总产量的64%(不含改装车及底盘),占总保有量的80%以上。其中,中型货车在载货汽车中所占比重约90%。这个阶段,汽车执行的是统购统分的指令性计划。

1982—1986年期间,我国农业发展进入新中国成立以来的黄金时期,为经济发展奠定了坚实的基础。经济的发展,使得长期以来被计划体制所抑制的汽车需求迅速释放,汽车产量大幅度上升。但是这个时期的汽车产品仍然是以载货汽车为主,载货汽车在汽车产量中所占比重仍保持在60%左右。其中,中型货车占载货汽车的比重还是90%,不能满足市场需求,"缺重少轻,轿车几乎空白"的局面突现。这导致汽车进口大幅增加,进口品种主要集中于轿车、轻型车和面包车。1985年,我国共进口汽车35万辆。

1987—1990年期间,为了解决"缺重少轻,轿车空白"的问题,国家加大了对汽车工业的投资规模,出现了乘用车增长幅度快于商用车,轻、微型车的增长幅度快于中、重型车的趋势,并最终在20世纪90年代使汽车工业的结构布局产生了质的变化。1996年,乘用车的产、销量都占行业比重的1/4强,在汽车行业中都占据了举足轻重的地位,并成为行业中的增长点。

进入20世纪90年代,轻、微型载货车的市场占有份额已超过重、中型载货汽车,市场也比中、重型载货汽车活跃,中型货车在汽车行业的"霸方"时代已经成为过去,其衰弱的趋势仍将延续。2015年汽车产销量超过2450万辆,创全球历史新高,连续七年蝉联全球第一。其中,乘用车产销首次超过2000万辆,占汽车产销比重达到86.0%;货车(含非完整车辆、半挂牵引车)共销售285.6万辆,占汽车产销比重达到11.7%;客车(含非完整车辆)共销售59.5万辆,占汽车产销比重达到2.3%。

二　各类汽车市场的特征

(一)载货车市场

中国汽车工业的传统优势在于载货车,中国载货车发展的现实与国际汽车制造业的比较优势也有利于大力发展载货车。中国载货车市场,曾经以"中型"为主导,"缺重少轻",在这种背景下,一度出现东风与一汽两强对弈的竞争格局。伴随着载货车市场需求结构变化和产品结构的调整,载货车市场竞争,由"中型"演化成重型、中型、轻型、微型等领域的多元竞争态势。中国载货车市场竞争,也因此由粗放走向细分,各细分市场的竞争格局异彩纷呈。

1. 重型载货车市场

据中商产业大数据库显示:2015年重型货车(含非完整车辆、半挂牵引车)销量为55万辆,累计同比下跌了25.98%。其中,2015年重型货车(含非完整车辆、半挂牵引车)销量前十排名依次为:东风汽车、中国重汽、中国一汽、陕汽集团、北汽福田、安徽江淮、成都大运、安徽华菱、北奔重汽以及上汽依维柯红岩。

就重型车而言,划分为三个吨位段:

(1)8~12t位段为一汽解放及二汽东风的强势区,两家企业在此吨位段占到整个市场的95%以上。该吨位段产品特点是:经济型重卡。此种产品大多从中型车上直接过渡过来,车辆基数很大。目前我国8~12t重型车大多为个人所购买,一些公有、集体施工队也大多承包给个人,个人为了回收成本快,配件供应便利,大多购买价格低、超载能力强的国产车。

(2)12~15t位段为竞争的密集段,该段吨位是众多重型车生产厂家竞争的集中段。

(3)15t位以上段目前是斯太尔三家的集中段,陕西重汽、中国重汽在该段位具有绝对优势。中国重汽等企业的产品主要集中在载重15t以上的重型牵引汽车和自卸汽车,顺应了重型汽车市场需求,产品市场销量同比大幅度增长。中国重汽、重庆重汽、陕西重汽以及北汽欧曼的产品在载重15t以上的市场上占据了84.6%的份额。

虽然15t以上的重型汽车市场高速增长,但并未改变我国重型汽车目前仍以中低吨位重型汽车需求为主的市场特征。一方面,重型汽车市场增长出现滞涨乏力的状态;另一方面,市场加入者在不断增加。欧曼、春兰、江淮格尔发等新军杀入重型汽车市场,重型汽车生产企业的产能在不断扩大。

2. 中型载货车市场

据中商产业大数据库显示:2015年12月中型货车(含非完整车辆、半挂牵引车)销量为2.7万辆,环比增长32.63%,同比增长38.08%。2015年12月中型货车(含非完整车辆、半挂牵引车)销量前十排名依次为:重庆力帆、东风汽车、中国一汽、庆铃汽车、四川现代、中国重汽、成都大运、安徽江淮、山东唐骏欧铃以及北汽福田。

由于中型载货车的长途运输经济性比不上重型车,短途运输又不及轻、微型车,产销量下降是一种正常现象。当然,我国中型车也有自己的优势:产品生产时间长,工艺较成熟,价格也相对较低,市场范围比重型车宽。今后中型载货汽车的发展方向,一是开发各种用途的改装车、专用车,满足用户的多层次需求;二是凭借其性能价格优势,开拓国际市场,作为中国汽车进入世界汽车市场的突破口。

3. 轻型载货车市场

据中商产业大数据库显示:2015年12月轻型货车(含非完整车辆、半挂牵引车)销量为14万辆,环比增长6.51%,同比下跌5.17%。2015年12月轻型货车(含非完整车辆、半挂牵引车)销量前十排名依次为:北汽福田、江铃控股、重庆力帆、金杯汽车、东风汽车、长城汽车、安徽江淮、中国重汽、庆铃汽车以及重庆长安。

在有限的市场空间里,几十家轻型车生产企业相互之间的竞争是极其激烈的。在激烈的市场竞争中出现两个问题:一是有相当多的轻型车企业有意识地将大吨位的产品车标成小吨位的产品车(即小吨位的车装大功率的发动机),这种极不规范的市场行为已运作多年;其二就是轻型车与农用车从外形或技术性能很难区分。

4. 微型载货车市场

据中商产业大数据库显示:2015年12月微型货车(含非完整车辆、半挂牵引车)销量为4.9万辆,环比下跌6.83%,同比下跌3.96%。2015年12月微型货车(含非完整车辆、半挂牵引车)销量前十排名依次为:上汽通用五菱、北汽福田、东风汽车、金杯汽车、重庆长安、奇瑞汽车、山东凯马、中国一汽、四川现代以及广汽吉奥。

由于大中城市安全、环保等法规的要求日趋严格,面临库存增加、原材料及燃油价格的上涨、刺激政策难以出台、城市限购和限行令、新增产能闲置、国家对汽车市场的监管力度加大、市场需求增势不明显等因素影响,对微型载货车市场的冲击更加强烈。在农村,价格低廉、耐用且状况良好的产品将会成为农村用车市场的最佳卖点。微型载货车市场这一发展趋势会越来越显著。

(二)客车市场

我国客车行业正面临市场发展带来的新挑战。虽然有新能源客车的刺激,但是2015年的整体客车市场还是保持了与商用车市场相同的低迷态势。数据显示,2015年我国客车产销量分别为590873辆和595382辆,同比均为负增长,分别下滑2.69%和1.9%,相比2014年高达8%的增长率下滑明显。同时,2015年也成为客车市场自2010年以来首次年销量同比负增长的年份。

1. 大中型客车市场

中国目前已经是全世界最大的客车制造国,大中型客车市场容量在20万辆以上。其中位于中国河南省的郑州宇通客车股份有限公司已经成为目前世界规模最大、工艺技术条件最先进的大中型客车生产企业。行业内骨干企业包括华晨金杯、江铃、郑州宇通、南京依维柯、北汽福田、金龙联合、厦门金旅、(苏州)金龙、少林和中通等。

2014年大型客车市场销量前十的企业排名为郑州宇通、苏州金龙、大金龙、小金龙、北汽福田、中通客车、安凯汽车、申沃客车、比亚迪客车、亚星客车。苏州金龙和大金龙均出现下跌,而小金龙实现增长,"三龙"2013年合计销售2.44万辆,不及郑州宇通一家。

2014年中型客车市场销量前十的企业排名为郑州宇通、苏州金龙、大金龙、安凯汽车、一汽丰田、小金龙、东风汽车、少林客车、中通客车、亚星客车。大客和中客市场,是郑州宇通的地盘。由于市场竞争激烈,大中型客车市场面临着高铁分流、私家车分流、运输企业成本增加、行业监管政策趋严、公路客流呈下降趋势等的挑战。

近年来,国内市场对大中型节能天然气客车和新能源客车需求比重越来越大。2014年前三季度,天然气客车在国内客车需求中比重超过三成,与新能源客车合计的比重已超过四成。显而易见,节能和新能源客车,仍然是今后行业需求的热点所在。

2. 轻型客车市场

近年来,轻型客车成为客车行业中的一个经济增长点,在客车总销量中占重要比例,轻型客车的市场主要集中在东南沿海和一、二线城市,主要面对城市物流用车市场,也逐渐在向其他地区和其他领域渗入。2014年,轻型客车市场销量前十的企业依次是金杯汽车、江铃汽车、南京依维柯、北汽福田、大金龙、小金龙、长安客车、上汽商用车、苏州金龙和郑州宇通。前十企业的销量均实现了不同程度的增长。其中，金杯汽车继2013年销量突破10万辆后，2014年再创新高，同比增长12.2%至11.65万辆。而第二、第三的江铃汽车和南京依维柯，与金杯汽车的差距拉大，分别同比增长5.4%和4.8%至6.88万辆和4.40万辆。

随着国内经济稳定增长及国际高端市场的带动，国内众多生产企业也开始布局高端商务轻型客车市场，如金杯股份、江铃控股、南京依维柯等；另外，国家对由轻型客车改装的专用车给予越来越多的关注，并提出越来越专业的要求也促进了轻型客车的发展。中国轻型客车市场近几年的品种战几乎都是国际汽车巨擘在中国继轿车战后的又一轮角逐，各厂家都有外商的参与。在轻型客车市场竞争中已形成规模的有：美国通用公司与江铃合资生产的"全顺"系列客车；法国雷诺公司与中国航天工业公司合资生产的"三江雷诺"；意大利菲亚特集团依维柯公司与跃进汽车集团公司合资生产的"南京依维柯"系列；日本丰田汽车公司全部技术输入生产的一汽金杯"海狮"系列客车；全套引进日本日产公司汽车技术的吉林一汽"小解放"系列客车；福建东南汽车工业有限公司全面引进日本三菱汽车公司技术与台商资金合资生产的"东南得利卡"系列客车等。

3. 微型客车市场

微型客车目前有八家企业生产，市场集中度较高，但仍被上汽通用五菱、长安汽车、东风小康这三家企业把持，这三家企业占据近九成市场。2015年，上汽通用五菱销售61.58万辆，单独占据64.2%的市场份额，并且这种霸主地位短时间内很难会改变。长安汽车和东风小康则分别占据18.2%和6.6%的份额。

2015年微型客车累计销售95.99万辆，同比下降了21.9%，下滑时间长达五年之久。而在五年前的2010年，微型客车市场销量高达241.70万辆。除了整体经济局势的不景气以外，从总体上来说主要与两方面因素有关：一方面是提前消费的作用影响；另一方面是目前汽车市场消费大环境正发生改变，这主要表现在汽车产品消费的升级，以及紧凑型MPV车型的下探。

2009—2010年，政府推出汽车下乡、1.6L及以下小排量车型购置税减免等汽车刺激政策，带动了国内汽车市场销量全面大幅提升，微型客车市场因此受益，其销量迅速攀升。然而，随着2011年这些刺激政策退出后，消费透支的负作用逐渐显现，销量出现大幅滑坡。

五菱、长安、东风等一批车型"乘用化"，致使微型客车市场销量迅速滑落。微型客车消费群体多数是城市的个体经营户与农民，主要用于拉客或者拉货。然而随着消费者购买力的提升，以及新一批MPV进入，如五菱宏光、长安欧诺、宝骏730等，微型客车在空间、价格上的优势逐渐削弱，消费者将目光逐渐转向了舒适性更高的乘用车。

在市场不断萎缩的大环境下，摆在微型客车面前的只有两条路：一条是寻找新的生存空间；另一条就是抓住市场消费升级的趋势，深入挖掘内在潜力，完善产品矩阵，也就是在微型客车中做到低、中、高端市场。

（三）乘用车市场

2014年乘用车销售1970万辆，比2013年同期增长9.89%。其中轿车增速放缓，SUV、MPV依旧保持高速增长，交叉型乘用车则继续下降。乘用车分车型看：轿车销售1238万辆，同比增长3.1%；SUV销量为408万辆，同比增长36.4%；MPV销量为191万辆，同比增长46.8%；交叉型乘用车销量为133万辆，同比下降18.1%。市场结构上，轿车占乘用车比重62.8%，比2013年下降4.2个百分点；SUV占比20.7%，比2013年提高4个百分点，MPV占比9.7%，比2013年提高3个百分点；交叉型乘用车占比为6.8%，比2013年下降2.4个百分点。

1. 轿车市场

轿车市场仍然是推动汽车行业增长的动力，但随着消费者需求层次、需求结构、需求品味的多样性，今后轿车产品如果再以降价来吸引消费者的注意力肯定是远远不够的。轿车产品的乘坐舒适性以及安全、环保等性能指标，甚至包括从外观到内饰，都将成为决定轿车产品市场份额的重要砝码。

轿车产品格局两极分化的倾向将日趋明显。一方面，在中高档轿车市场，新车上市及高档进口车的不断涌入，竞争将会进一步加剧；另一方面，价格低廉、耐用、使用成本低的经济型轿车的竞争将会更趋白热化，特别是在市场定价上，一些厂家为了争夺更多的市场份额，还可能继续调低价格，因而轿车产品的价格战，有可能更加激烈和残酷。此外，轿车消费的重点正从中高级轿车向中级轿车和经济型轿车转移，中高级轿车的库存量有所增加。

轿车市场，从其缓慢的增长速度也能看出，这部分市场的竞争更加激烈，这对于消费者是件好事。不过，整体不利于轿车市场发展的因素仍然层出不穷，最为明显的便是关于汽车限购的情况，限购对于整体车市不利。

2. 运动型多用途汽车（SUV）市场

2015年SUV市场销售6262736辆，同比增长53.6%，SUV市场实现高速增长。其中，高价车市场及低价车市场销量比重呈走高趋势，而中价车市场比重持续走低。车系方面，自主品牌是主流车系中销量及销量增长率的领头羊，在所有车系中销量最高，并且取得了83.9%的同比增长率。与此同时，借助国内SUV市场迅速崛起的"东风"，各车系销量同比均呈现较大幅度增长。不过尽管如此，只有自主品牌销量比重与2014年同期相比有所提升，超过50%，其他车系销量比重均有所下降。不过自主品牌全部热销车型均位于中低价车市场及低价车市场，因此自主品牌市场规模相对较低。

SUV呈区域化特色，东北、华东、沿海地区增速较快，二三线市场潜力大。SUV从低价格、自主、越野型为主，转为高端、都市型、全球化车型竞相争夺。越野型SUV市场份额逐年萎缩，市场增长潜能乏力，市场逐步进入稳定期，该细分市场竞争将越来越激烈，将以新车型蚕食老车型的竞争方式来扩大销量；城市型SUV的中高端市场在大城市增长强劲，中低端市场在中小城镇也强劲增长，市场区分比较明显。

3. 多功能商用车（MPV）市场

受市场定位所限，MPV在整个乘用车市场所占份额一直远低于轿车和SUV。但随着MPV逐渐进入家庭消费，近几年来MPV市场持续快速发展，市场占比逐渐增大。GL8等大MPV产品几乎都被用于公务和商务，主要消费群是企业和政府采购。自主品牌在MPV市场占据绝对优势，所占市场份额近九成（88.3%）。在MPV市场中前十的畅销车品牌中，自主品牌占据八席。自主品牌中表现较好的除了五菱宏光之外，还有宝骏730、欧诺、威旺M20、菱智、景逸MPV等。

目前MPV热销的原因有两方面：一方面，由于我国经济持续高速增长，中小企业发展迅猛,造成了我国商务用 MPV 市场的持续增长;另一方面,国产 MPV 的性价比非常高,随着技术的进步,舒适性也越来越高,这对于追求实用性的消费者来说,极具诱惑力,这一点从国产系 MPV 占据市场份额变化能给予充分的论证。整体而言,MPV 市场体量相对较小,在这一市场中,上汽通用五菱一家独大,而随着二胎政策的放开,或许会有部分更加适合家用的 MPV 车型销量出现增长。

本 章 小 结

(1)汽车市场的形成分计划经济时期和国内经济转轨后的形成时期。

(2)1992 年以前汽车是呈卖方市场,1992 年以后汽车呈买方市场,汽车的需求量与各地的经济状况相关。

(3)汽车市场主要分货车、客车和乘用车三大类,货车分为重型、中型、轻型和微型车市场;客车分为大型、中型、轻型和微型车市场;乘用车分轿车、SUV 和 MPV 市场。

一、填空题

1.重型车按其吨位,分为_____、_____、_____。

2.1992 年以前汽车是呈_____市场,1992 年以后汽车呈_____市场,汽车的需求量与各地的经济状况相关。

二、选择题

1.下面(　　)不是中型载货车的市场优势。

　　A.产品生产时间短　　B.工艺较成熟　　C.价格相对较低　　D.市场范围宽

2.下面(　　)不是客车市场骨干行业。

　　A.郑州宇通　　B.南京依维柯　　C.华晨金杯　　D.五菱宏光

三、判断题

1.近两年,中国汽车市场基本延续着一种高速增长的态势,且随着中国与世界经济大环境的变化,这种高速增长的态势将一直持续下去,并会有明显的上升现象。　　(　　)

2.载货车市场竞争,由"中型"演化成重型、中型、轻型、微型等领域的多元竞争态势。
　　　　　　　　　　　　　　　　　　　　　　　　　　　　　　　　　　(　　)

3.大中型客车产销量向优势企业集中的趋势明显,客车产品有向发达地区集中的趋势。
　　　　　　　　　　　　　　　　　　　　　　　　　　　　　　　　　　(　　)

四、简答题

1.简述我国汽车市场的形成。

2.简述我国乘用车市场的现状。

第二章　汽车与配件市场营销环境分析

> **学习目标**
> 1. 能叙述汽车与配件市场营销的宏观环境；
> 2. 能叙述汽车与配件市场营销的微观环境；
> 3. 掌握人口、经济、能源、消费政策对汽车与配件营销的影响。

国际著名的汽车与配件企业，几乎都在中国建立了合资或独资企业，引进技术合资企业已超过 1000 家。国内一批科技含量高、效益好、规模大的汽车与配件企业逐步成长起来。汽车配件生产企业脱离整车企业并形成专业化零部件集团，正成为一种全球化趋势。随着国际上汽车行业开始实行零部件"全球化采购"策略及国际跨国汽车企业推行本土化策略，国内市场将出现巨大的零部件配件缺口。

目前我国汽车与配件工业在地区分布上已经形成了环渤海地区、长三角地区、珠三角地区、湖北地区、中西部地区五大板块。优秀的市场营销商应善于分析市场营销环境，捕捉市场营销机遇，克服环境威胁，富有挑战精神，使企业不断在经营上获得成功。汽车与配件市场营销环境可以分为宏观环境和微观环境两种类型。

第一节　汽车与配件市场营销的宏观环境

汽车与配件市场营销的宏观环境是指那些给汽车与配件企业造成市场营销机会和形成环境威胁的外部因素。这些因素主要包括经济环境、人口环境、交通基础设施及城市布局环境、能源及环保环境。

一　经济环境

经济环境是影响市场营销的最活跃的因素，它直接影响人们的购买力和当前的市场容量，也决定着企业的经营方式。从改革开放之前至今，汽车配件经营大致经过了以下四个阶段：

第一阶段，20 世纪 70 年代末之前，完全的计划经济体制，汽车配件按计划购进，按计划进行统一分配；

第二阶段，20 世纪 70 年代末至 80 年代末，以计划为主，以市场调节为辅，计划经济与市场调节同步运行；

第三阶段，20 世纪 80 年代末开始，市场全面放开，各地汽配城、汽配一条街蓬勃兴起；

第四阶段,从20世纪90年代初期开始,经历了近10年的市场经济博弈,汽车和配件两类产品、两个市场经营格局基本形成并且越来越清晰。

企业营销的经济环境主要是指影响企业营销的消费力因素,包括消费者的收入水平、消费倾向以及消费结构等。营销人员应根据不同时期社会成员的收入、商品价格、储蓄、信贷等情况的不同变化,适时推出适应不同层次消费者需要的不同产品。

(1)消费者收入水平。消费者收入的高低,直接影响其购买力的大小,从而决定了市场容量和消费者支出的模式。我国的经济水平和人均收入水平逐年提高,对汽车和配件市场的影响也是越来越大,随着各项政策的出台,轿车进入家庭已是必然趋势,家庭购车已经成为汽车销售市场最为关注的问题。汽车和配件企业可以根据人均收入(人均收入是用国民收入总量除以总人口)推测出相应地区的消费水平,衡量出汽车消费市场的容量和市场结构。

(2)消费倾向。所谓消费倾向,一般指消费支出占总收入的比重,在通常情况下,消费倾向与储蓄倾向正好相反。在收入中,消费支出越少、储蓄的倾向就越大;消费倾向越高,储蓄的倾向就越低。

(3)消费结构。消费结构是指消费者各类支出所占的比重,如衣、食、住、行等支出结构。1857年德国统计学家恩斯特·恩格尔在研究劳工家庭支出时发现:一个家庭收入越少,其支出用来购买食物的比例就越大;随着家庭收入的增加,用于购买食物的比例下降,而用于其他方面的开支所占的比重将上升,这称为"恩格尔定律"。"恩格尔定律"决定了不同地区的汽车产品消费结构,研究它的基本状态,将对制定营销计划,做精做好市场很有作用。

二 人口环境

市场是由那些想购买货物,同时又具有购买力的人组成的。人口的多少直接决定市场的潜在容量,而且人口的年龄结构、地理分布、婚姻状况、出生率、死亡率、人口密度、流动性、文化教育等人口特性,又会对市场需求格局产生深刻影响。

(1)人口总量:指一个地区全部人口,包括当地常住居民和流动人口量。从人口总量看,由于中国实行了计划生育政策,人口自然增长率近些年开始下降,在很多经济发达的大城市,人口已出现负增长,这使得一些按人口消费的部门或服务的需求开始下降。

(2)人口结构:指一个地区人口的年龄构成、性别构成、籍贯构成等,由于人口出生率的下降,中国人口的年龄结构正在老化。

(3)人口分布:指一个地区的人口布局。近年来我国人口分布有两个主要特征。第一是人口分布的城市化倾向,即农村人口正在向城镇聚集和流动;第二是大城市中心地区的空心化倾向,即在一些老的特大城市,市中心的人口正在流向近郊。

(4)婚姻家庭变化:指一个地区的婚姻状况和家庭结构变化。结婚是一种巨大的消费行为,一个婚礼往往产生比日常生活多数十倍,甚至数百倍的购买力。20世纪70年代追求全套家具,80年代追求黄金首饰,90年代追求高档电器。目前已开始转向追求住宅和汽车。

三 交通基础设施及城市布局环境

1. 交通基础设施

随着我国国民经济的持续稳定发展和城市化进程的加快,汽车作为一种方便、快捷、门到门运输的现代交通工具,在城市交通系统乃至整个综合运输系统中占有越来越重要的地位。汽车普及是经济发展和城市化的必然结果。

随着经济的发展,汽车化进程和汽车进入家庭的趋势难以阻挡。目前我国城市交通基础设施的建设速度仍然滞后于交通需求的增长,汽车消费对社会公共产品,包括桥梁、隧道、公路和城市道路、停车场、各类交通指示标志,必然有很大的依赖性。2001年底,我国公路已建设形成贯穿全国的公路交通网。城市内立体交通、地下停车场的建设也在展开。如北京、上海、广州、成都等城市的环城路高速网,大大缓解了城市道路的拥挤状况。但目前,还有一些城市道路狭窄、公路非网络化的状况较差,高流速、高效率的城市道路系统没有形成。城市内混合交通、道路非交通占用的情况十分普遍,降低了原本就不足的交通设施的使用效率,影响了车辆和公共设施的使用效益,增大了车辆使用者的负担。

2. 城市布局

我国城市发展的悠久历史,决定了城市布局的历史特点是以政府所在地为中心的格局。在工业化初期,以企、事业单位为中心的"大院"建设,延续了生活区、生产区、商业区、办公区合一的步行城市的封闭格局,形成城市行政、经济、商业、工业、教育功能交叉的紊乱局面,致使混合、无效交通多,交通效率低下。我国大城市的大院,街区中一般只有宽度勉强够1辆机动车通行的小巷,街区之间一般以双向4~6车道的城市道路为界。这一方面限制了市区的道路网密度(我国城市干道间距一般为1000~2000m,欧洲国家一般为300~600m),使干道上车辆过于拥挤;另一方面增加了道路改造(拆迁)的困难性,限制了道路规划的正常进行。

此外,由于过去我国城市交通主要是建在以公共交通、非机动车交通和步行为主要交通方式的基础上,因而城市布局紧凑,城市交通用地发展余地较小。新近建设的城市道路又过于追求主干道的宽度,没有充分考虑连通道及交通流的问题,致使行人、非机动车交通困难。目前,我国城市中心区的道路面积率、使用效率相对于西方国家来说要低得多,这些是中国城市道路设施的一大特征。

我国的人均土地资源匮乏,一直严格控制占用耕地,但对城市改建、扩建和占用土地的经济调控手段不完善也不合理,不能有效地起到促进郊区城市化、农村城市化并且合理发展的导向作用。

我们必须建立分散化的城市布局才能适应汽车时代的要求。我国城市规划的人才和研究需要引起足够的重视。

四 能源及环保环境

随着中国汽车工业的快速发展,国内汽车保有量逐年增加,报废的汽车也越来越多,在汽车报废过程中造成的资源浪费及环境污染使国内的资源更加紧张、环境污染状况持续恶化。在国家越来越重视节约资源、节能减排和循环经济的今天,汽车与配件市场得到了政府相关部门的重视,并开始发展起来。

1. 能源问题

交通运输业已经成为最大的能源消耗板块,包括对一次性能源(石油、天然气)和电能的消耗。目前我国经济正处于上升期,城市化和汽车化的进程使得城市交通对能源需求的增长也很快。但我国人均资源占有量少,低于世界平均水平,且资源的空间分布不均衡,质量差别大,劣质资源比例高;能源结构不合理,一次性能源中,低效率、高污染的煤占75%,而高效率、低污染的石油、天然气仅占20%左右,无污染的水利资源仅占5%;能源的开发、使用技术落后、消耗速度快、强度高、利用率低;能源的地域调剂加重了耗费和污染。这对我国生态环境的可持续能力、经济增长和交通发展的可持续性均造成了巨大的压力。并且石油的进口依赖程度逐年提高,我国尚不能生产足够的优质车用汽油和柴油,汽车化的发展将对能源的开发和使用提出重大挑战。我国已经将新能源汽车列入战略性新兴产业,在此形势下,全国各地建立新能源汽车及关键零部件产业基地的动作已经全面展开,未来国内新能源汽车及关键零部件领域的投资将会不断加大。

2. 环境污染

只要有人类的生产和生活活动,就会给环境造成改变乃至破坏。城市交通是导致城市环境破坏的主要因素之一,城市交通的道路机动车辆会对大气环境、水环境、土壤及地面状况、城市生态、城市景观造成直接的、隐性的和间接的污染。近年来,随着我国经济的发展和城市化、汽车化进程的加快,我国城市的环境和生态状况质量急剧下降。虽然我国城市目前的机动车密度还很低,即使北京、上海等汽车化程度较高的城市,汽车密度也远远低于国外的一些发达城市。但由于车型、燃料、维修不善等原因,单位车辆的尾气和噪声污染高于国外汽车。加上我国汽车用汽油和柴油的品质都不尽人意,我国城市交通污染在整个城市污染排放中的分担率相当高,大气污染问题在我国显得尤为严重。在世界十大污染城市中我国就占了4个,分别是北京、上海、广州和沈阳。在1997年的联合国城市评估中,我国的北京和上海同时被列为不适合人类居住的城市。控制并减轻环境恶化的相应的管理手段不力,迫使政府对汽车消费采取了一系列限制措施。

第二节　汽车与配件市场营销的微观环境

汽车与配件市场营销的微观环境是指一些影响汽车消费政策性的、人为的、可变性较大的过程性因素。这里,微观环境可分为企业的内部环境和外部环境。

一、企业的内部环境

企业的内部环境,是指企业的类型、组织模式、组织机构及企业文化等因素。它是支撑企业市场营销成功的精神基础,为企业的生存和发展提供空间。

企业的市场营销部门不是孤立的,它面对着许多其他职能部门,如高层管理(董事会、总裁等)、财务、研究与发展、采购、制造和会计等部门,而这些部门、各管理层次之间的分工是否科学,协作是否和谐,能否精神振奋、目标一致、配合默契,都会影响企业的营销管理决策和营销方案的实施。

 企业的外部环境

企业外部活动环境主要包括供应者、营销中介组织、竞争者、消费者和城市交通管理等。

1. 供应者

供应者是指向企业及其竞争者提供生产上所需要的资源的企业和个人,包括提供原材料、设备、能源、劳务、资金等。这种力量对企业营销的影响是很大的,所提供资源的价格和供应量,直接影响着企业产品的价格、销量和利润,供应短缺、工人罢工或其他事故,都可能影响企业按期完成交货任务。这从短期来看,会损失销售额;从长期来看,则损害企业在顾客中的信誉。因此,企业应从多方面获得供应,而不可依赖于任何单一的供应者,以免受其控制。

2. 营销中介

营销中介是指在促销、销售以及把产品送到最终购买者方面给企业以帮助的那些机构,包括中间商、实体分配机构、营销服务机构(调研公司、广告公司、咨询公司等)、金融中介(银行、信托公司、保险公司等)。这些都是市场营销中不可缺少的中间环节,大多数企业的营销活动,都需要有它们的协助才能顺利进行。比如生产集中和消费者分散的问题,必须通过中间商的分销来解决,资金周转不灵,则须求助于银行或信托公司等。随着商品经济的发展,社会分工愈细,这些中介机构作用就愈大。因而要求企业在营销过程中,必须处理好同这些中介机构的合作关系。

3. 竞争者

汽车配件市场目前的经营格局,存在两类产品和两个市场:第一类产品是原厂装车的正宗产品,市场主要以各品牌服务站为主,部分终端客户主要购买发动机、变速器、差速器产品,此类产品主要由各品牌备品供应中心进行经营;第二类产品是副厂件或原厂装车淘汰的副品或假冒伪劣产品,市场主要是汽车配件市场个体经营户、中小型汽车修理厂,终端客户大多使用的是覆盖件,此类产品主要由个体经营户进行经营。这两类产品、两个市场在今后相当长的时期内将会有很强的生命力,但第二类产品最终将会被淘汰出局。

从消费需求的角度划分,企业的竞争者包括愿望竞争者、产品种类竞争者、产品形式竞争者和品牌竞争者:

1)愿望竞争者

即提供不同产品以满足不同需求的竞争者。假如你是电视机制造商,那么生产冰箱、洗衣机、地毯等不同产品的厂家就是愿望竞争者。如何促使消费者更多地首先购买电视机,而不是首先购买其他产品,这就是一种竞争关系。

2)产品种类竞争者

即提供不同种类的产品,满足购买者某种愿望的企业。例如,自行车、摩托车、小轿车都可以作为家庭交通工具,这三种产品的生产经营者之间必定存在着一种竞争关系。

3)产品形式竞争者

即指生产同种产品,但提供不同规格、型号、款式的竞争者。例如,大众汽车公司的竞争者就包括所有生产轿车的公司。

4）品牌竞争者

即指产品相同、规格、型号等也相同，但品牌不同的竞争者。例如，大众汽车公司以上海大众和一汽大众及其他提供同等价位的汽车生产商为主要竞争者。

4. 消费者

消费者是企业服务的对象，企业需要仔细了解消费者市场。一般包括消费者的消费观念、消费者权益、汽车消费的相关政策。

1）消费者的消费观念

中国的社会是由封建制度脱胎而来，加之长时期计划经济体制的束缚，中国特有的文化价值观念、汽车消费观念等，极大地阻碍汽车在中国的发展和消费。在汽车生产上，国家早期是以发展中型载货汽车来满足生产和战备的需求；在文化价值观念上，中国传统文化中有着严重的等级差异及特殊化的倾向。"贵贱有别""长幼有序"等观念在中国根深蒂固。汽车，特别是乘用车作为一种地位和身份的象征，更多地体现着使用者的权力和荣誉；而普通老百姓的乘用车消费，多年来在许多人的潜意识里则是"资产阶级生活方式"的代名词，普通百姓只能骑自行车和乘公共汽车。在具有浓厚封建特征的中国传统文化土壤里，很难培育出现代文明的果实——汽车。汽车作为基本交通工具的使用价值被极度削弱，而其潜在的社会价值却又被扭曲性放大。这种定位的偏差，使中国汽车工业从一开始就受到限制，在为生产和战备而造车的思想观念指导下，缺重少轻、轿车为零的生产格局维持了整整30年。

2）消费者权益

唤起消费者对汽车消费的热情，引导国民改变传统的消费习惯，追求新型的汽车商品消费，加快汽车更新换代，开拓与汽车相关的新的行业发展方向，新的服务业发展方向，关键是向消费者提供适销对路、高质量、低价格的产品，并具有高水平的服务和低价位的消费。过去我国汽车生产厂家只注重中高级的"官车"生产与消费，而忽视开发经济型的"大众车"。现在必须改变战略，生产适销对路的"大众型"车辆，必须建立完整的质量保证体系和售后服务机构，以满足用户的需求。

3）汽车消费的相关政策

制定与汽车消费有关的政策是为了规范市场、引导消费、促进需求、繁荣经济，保证国家的财政收入，各国根据自己本国的国情制定了与汽车消费有关的政策。汽车消费政策的制定涉及社会方方面面的问题，是一项非常复杂的系统工程。这必须考虑到汽车产业的发展问题，汽车产业对经济的推动作用，汽车对环境污染的影响等。目前对汽车消费影响最直接、最大的有汽车税费政策、汽车销售融资政策、汽车报废政策和城市环境保护政策等。

5. 城市交通管理

长期以来，城市交通管理手段不能完全适应经济发展的需求及道路交通变化的现状。在汽车拥有量不断增加、交通日益繁忙的情况下，城市交通拥挤日益加剧，汽车的发展与城市交通状况的改善成为一对尖锐矛盾。城市交通管理存在以下问题：

（1）混合交通严重，换乘停车设施远远不能满足要求，造成道路交通秩序混乱、车辆的行车速度达不到设计车速、交通安全系数降低。混合交通使得很多有利于解决交通拥挤问题的交通管理措施根本无法实施，这是目前我国城市交通管理中最大的问题。未能运用有效的措施，利用现有的道路，实现机动车和自行车、行人分流。

(2)道路占用现象严重。道路占用现象严重的主要原因,除停车场规划、停车费用的收取不尽合理外,也与工商、城建部门对流动商贩管理不力有关。大量车辆、商贩对城市道路的占用加剧了本已非常紧张的交通。供需失衡的矛盾,给城市交通管理带来了很大难度。

(3)交叉路口交通混乱,路标、交通标志等不够明确,对信号配置缺乏科学的、有针对性的研究。交叉路口管理和交通流疏导不力,致使交叉路口通行能力降低,成为道路网络的瓶颈。

(4)交通信息系统建设还在初级阶段,智能交通系统建设还没有得到足够的重视,交通管理系统的科技含量低,使得无效交通量比例大大高于发达国家,这也是造成交通效率低下、交通拥堵加剧的重要原因。

上述问题是互相影响、互相交织的,在解决交通供求不平衡的矛盾时,单纯地兴建与改扩建道路不仅不能完全解决交通拥挤问题,在某些情况下反而会刺激交通流的发生,加剧交通拥挤。学习运用先进的城市交通管理手段,不仅可以提高现有交通设施的利用效率,从另一个角度看,增加交通供给,还能合理引导道路交通流的走向,使交通流在空间上均匀分布,从而削减需求高峰,实现交通需求与供给的动态平衡调整机制,有效缓解汽车发展与城市交通之间的矛盾。目前,国内交通系统尚未成熟,各种交通方式都还存在各自合理的发展空间。要解决汽车发展与城市交通的矛盾,必须在正确确定各种交通方式分担比例的基础上,制定相应的交通管理措施,实现城市交通基础设施的最大利用和各种交通方式的协调发展,汽车的发展才有更大的空间。

本 章 小 结

(1)宏观环境包括经济环境、人口环境、交通基础设施及城市布局环境、能源及环保环境。

(2)人口环境包括人口总量、人口结构、人口分布及婚姻家庭变化4个方面。

(3)经济环境包括收入水平、消费倾向、消费结构3个方面。

(4)能源和环保是影响宏观环境的主要因素。

(5)微观环境包括企业的内部环境和外部环境。企业外部环境主要包括供应者、营销中介、竞争者、消费者和城市交通管理。

(6)目前对汽车消费影响最直接、最大的有汽车税费政策、汽车销售融资政策、汽车报废政策和城市环境保护政策等。

思考与练习

一、填空题

1.汽车与配件市场营销环境可以分为_____和_____两种类型。

2.人口环境包括_____、_____、_____和婚姻家庭变化。

3.经济环境包括_____、_____、_____。

4. _____是影响宏观环境的主要因素。

二、选择题

1. 在收入中,消费支出(　　),储蓄的倾向就越大,消费倾向(　　),储蓄的倾向就越低。
   A. 越少,越低　　　　　　　　　　　B. 越多,越高
   C. 越少,越高　　　　　　　　　　　D. 越多,越低

2. 下面(　　)不是汽车消费的相关政策。
   A. 汽车税费政策　　　　　　　　　　B. 汽车金融政策
   C. 汽车报废政策　　　　　　　　　　D. 汽车产业发展政策

三、判断题

1. 我国城市交通基础设施的建设速度滞后于交通需求的增长。（　　）
2. 产品种类竞争者指生产同种产品,但提供不同规格、型号、款式的竞争者。（　　）

四、简答题

1. 简述经济环境对汽车与配件市场营销的影响。
2. 简述汽车与配件市场营销的微观环境。

第三章 汽车与配件市场调查和预测

> **学习目标**
> 1. 掌握汽车与配件市场调查与预测的主要内容;
> 2. 能叙述汽车与配件市场调查与预测的步骤;
> 3. 掌握汽车与配件市场调查与预测的主要方法;
> 4. 能正确预测汽车与配件市场的需求。

近年来,随着外资企业频频进入我国汽车与配件市场领域,包括世界著名的博世、德尔福、伟世通、电装、博格华纳、江森自控等跨国零部件公司,使我国本土企业面临巨大的竞争压力。据估算,外资企业占据汽车与配件市场的份额达80%以上;在汽车电子和发动机零部件等高技术含量领域,外资企业占据的市场份额高达90%。如果要在竞争中立于不败之地,则必须透彻地了解市场,通过市场调研信息把营销者和消费者、顾客及公众联系起来,产生、改善和估价市场营销方案,监控市场营销行为,改进对市场营销过程的认识,帮助企业营销管理者制定有效的市场营销决策。

第一节 汽车与配件市场调查的内容

一、汽车与配件市场调查的原则

市场调查,就是运用科学的方法,有目的、有计划地系统收集、整理和分析研究有关市场营销方面的信息,提出解决问题的建议,供营销管理人员了解营销环境,发现机会找出问题。汽车与配件市场调研既然是通过收集、分类、筛选资料,为企业生产经营提供正确依据的活动,它就需要遵循以下原则。

1. 时效性原则

在现代市场经营中,时间就是机遇,也就意味着金钱。丧失机遇,会导致整个经营策略和活动失败;抓住机遇,则为成功铺平道路。市场调查的时效性就表现为应及时捕捉和抓住市场上任何有用的情报、信息,及时分析、及时反馈,为企业在经营过程中适时地制定和调整策略创造条件。在市场调查工作开始进行之后,要充分利用有限的实践,尽可能多地收集所需要的资料和情报。调查工作的拖延,不但会增加费用支出,浪费金钱,也会使生产和经营决策出现滞后,使信息的价值消失,而企业也就失去了利用这一信息的机会,对生产和经营的顺利进行极为不利。因此,在瞬息万变的市场活动面前,搜集信息的时效性就具有特别重要的意义。

2. 准确性原则

市场调查工作要把收集到的资料、情报和信息进行筛选、整理,再经过调查人员的分析后得出结论,供企业决策之用。因此,市场调查收集到的资料,必须体现准确性原则,所搜集的市场信息要真实地反映客观情况。准确是信息的生命,也是企业的生命。要使企业的经营活动在正确的轨道上运行,就必须有准确的信息作为依据,同样,对调查资料的分析必须实事求是,尊重客观实际,切忌以主观臆断来代替科学的分析,片面、以偏概全也是不可取的。只有可靠的市场信息,才能在营销决策中发挥应有的作用,才能瞄准市场,看清问题,抓住时机。因此在搜集信息时,一定要认真鉴别,切忌模棱两可,含糊不清。

3. 系统性原则

市场调查的系统性表现为应全面收集有关企业生产和经营方面的信息资料。因为在社会大生产的条件下,企业的生产和经营活动既受内部也受外部因素的制约和影响,这些因素既可以起积极作用,也可以阻碍企业的正常发展。由于很多因素之间的变动是互为因果的,如果只是单纯地了解某一事物,而不去考察这一事物如何对企业发挥着和为什么会产生如此作用,就不能把握这一事物的本质,也就难以对影响经营的关键因素做出正确的结论。从这个意义上说,市场调查既要了解企业的生产和经营实际,也要了解竞争对手有关情况;既要认识到其内部机构设置、人员配备、管理素质和方式等对经营的影响,也要调查社会环境的各方面对企业和消费者的影响程度。

4. 经济性原则

市场调查是一件费时、费力、费财的活动。它不仅需要人的体力和脑力的支出,同时还要利用一定的物质手段,以确保调查工作的顺利进行和调查结果的准确。在调查内容不变的情况下,采用的调查方式不同,费用支出也会有所差别;同样,在费用支出相同的情况下,不同的调查方案也会产生不同的效果。由于各企业财力的情况不同,因此需要根据自己的实力去确定调查费用的支出,并制定相应的调查方案。对中小企业来说,没有大企业那样的财力去搞规模较大的市场调查,但可以更多地采用参观访问、直接听取顾客意见、大量阅读各种宣传媒体上的有关信息、收集竞争者的产品等方式进行市场调查,只要工作做得认真细致而又有连续性,就能用较低的费用搜集到所需的市场信息,以最少的花费取得同样价值的市场信息,或以同等的花费取得更大价值的市场信息,同样会收到很好的调查效果。因为市场信息的价值是使用市场信息所得的收益与搜集信息的费用之差,因此,企业在选择搜集市场信息的方式时,必须进行认真的分析比较,以取得较好的经济效益。

5. 科学性原则

市场调查不是简单地搜集情报、信息的活动,为了在时间和经费有限的情况下,获得更多、更准确的资料和信息,就必须对调查的过程进行科学的安排。采用什么样的调查方式、选择谁作为调查对象、问卷如何拟订才能达到既明确表达意图又能被调查者易于答复的效果,这些都需要进行认真的研究;同时运用一些社会学和心理学等方面的知识,以便与被调查者更好的交流;在汇集调查资料的过程中,要使用计算机这种高科技产品代替手工操作,对大量信息及进行准确严格的分类和统计;对资料所作的分析应由具有一定专业知识的人员进行,以便对汇总的资料和信息做出更深入的分析;分析人员还要掌握和运用相关数学模型和公式,从而将汇总的资料以理性化的数据表示出来,精确地反映调查结果。而对于市场信息的搜集和整理,既要满足当前经营决策的需要,又要分析变化的未来趋势,预见今后的发展。

搜集市场信息的原则是一个系统,必须全面考虑才能取得好的经济效益,一个准确度为100%的过时信息,还不如一个准确度为50%的及时信息有用。因此,只有把这些原则结合起来,使其相互补充,才能达到搜集市场信息的目的。

二 汽车与配件市场调查的目标

汽车与配件市场调研的目标问题是信息导向的,它涉及确定需要什么信息以及如何高效地获得信息。营销调研的目标是提供有用的决策信息,需要回答与营销调研问题有关的一些具体信息。管理者必须将这些信息同自己的经验和其他信息相结合,才能做出正确的决策。

汽车企业决策者必须确定目标,提出需要什么信息和需要做什么的"问题"。企业调研人员必须有能力将管理决策中的问题转化为市场调查的"问题"。"问题"的定义包括对整个问题的叙述以及确定研究问题的具体组成部分。只有问题定义清楚了,才能进一步去设计和执行。如果对问题没有正确理解或定义不准确,那么所有的努力,包括花费的人力和物力,都不能用在真正需要解决的问题上,这将会是很大的浪费。问题没有明确的定义,必将导致调研项目的失败。因此,明确定义问题的重要性怎样强调都不过分。

根据调研目标的不同,我们将调研目标分为以下三种:探索性调研、描述性调研和因果性调研。

1. 探索性调研

对需要调研的问题还不清楚,无法确定调研的内容和范围,只是收集一些相关的资料,进行分析后找出症结。

2. 描述性调研

调研的目标是记录并描述汽车市场的潜量,以及顾客购买的偏好和态度等,试图回答诸如谁、什么、何时、何地和怎样等问题。如调研某品牌汽车在北京市场的购买潜力。

3. 因果性调研

调研目的是考察一个变量是否影响或决定另一个变量的值,可以用实验法来检测因果关系。由于因果性调研有助于识别对市场销售有影响的因素间的联系,可以帮助调研人员确定因果性的研究变量。因果性调研暗含的事实是,管理者已经知道或了解了问题背后的基本关系。如管理者知道汽车广告和销售量间存在一定的关联,但是不能提供足够的证据证明较高的广告投入、较好的广告创意是导致较高销售额的先决条件。

三 汽车与配件市场调查的主要内容

汽车与配件市场调查涉及营销活动过程的各个方面,调查的主要内容可以概括为营销环境调查、营销组合策略调查、用户购车行为调查、竞争对手情况调查。

1. 营销环境调查

(1) 政治法律环境。调查有关部门及其负责人的情况,对汽车价格政策、汽车税收政策等有关汽车方面的方针、政策和各种法令、条例进行调查。

(2) 经济环境。调查所在地区的国民经济产业结构、主导产业、居民收入水平、消费结构和消费水平,调查一般利率水平、获取贷款的可能性以及预期的通货膨胀率等与特定汽车类型相关因素的调查。

(3) 科技环境。调查国际国内新技术、新车型的发展速度、变化趋势、应用和推广等情况。

(4) 社会文化环境。调查当地人的社会文化水平、风气、时尚、爱好、习俗、宗教等。

2. 营销组合策略调查

汽车与配件营销组合策略的调查,一般包括汽车营销渠道调查、汽车销售价格调查、汽车广告促销调查、品牌与车型调查。

(1) 汽车营销渠道调查。调查内容包括对品牌专卖制式、总代理式、特许经销式、区域代理式、汽车大卖场、汽车超市等的调查。如何做好营销渠道调查,并发挥其作用,正日渐成为厂家们克敌制胜的法宝。

(2) 汽车销售价格调查。汽车销售价格包括汽车生产成本、汽车生产企业的利税、汽车销售费用、汽车销售企业的利税。调查内容包括市场价格、优惠价格、展厅报价、客户心理价位、最终成交价。

(3) 汽车广告促销调查。调查内容包括广告主、媒介单位、广告公司、广告受众、广告管理者。

(4) 品牌与车型调查。调查内容包括知名度、总体评价、品牌特征、消费者对汽车品牌与车型的熟悉程度和购买意向等。

3. 用户购车行为调查

用户购车行为调查包括个人消费者购车行为调查和集团用户购车行为调查。

(1) 个人消费者购车行为调查。个人消费者购买汽车的目的是使用,购买的是汽车的使用价值。如果在消费者使用过程中,汽车带来的实际价值超过消费者的期望,那么消费者就会有较高的满意度,如果汽车给消费者带来的价值没有想象中的大,消费者就会感到不满意。因此,消费者购买后的评价对汽车产销企业是非常重要的。它不仅会影响消费者是否会再次购买,更重要的是消费者会将自己的评价告诉周围的人,而且这种评价被其他潜在消费者认为是最可靠、最直接的信息。

(2) 集团用户购车行为调查。集团组织购买者大多把汽车作为工业品来购买,对产品有特殊要求,且采购过程复杂,涉及更大的金额、更复杂的技术和经济问题,所以通常由受过专业训练的人完成采购,很少有冲动性购买现象。购买者往往会选择那些受过专业训练的采购人员去购买,他们对所欲购买的汽车在性能、质量、规格以及技术细节上的要求都较为明确。

4. 竞争对手情况调查

当今市场,汽车品牌多如牛毛,各有所长,也各自拥有着自己的市场份额。那么"靠什么竞争、靠什么发展"变得至关重要。汽车市场竞争情况调查的主要内容包括竞争对手的营销组合、其产品的市场占有率和企业实力等进行调查。

（1）竞争者的确认。竞争对手主要是指经营同类车辆,并以同一地区为经营地域的汽车销售企业。同时,与经营替代车型的汽车销售企业也是一种竞争关系。

（2）竞争者基本情况调查。它主要包括竞争对手经营的车辆品种、价格、服务方式及在顾客中的声誉和形象,竞争对手的经营规模、资金状况和销售渠道等。

（3）竞争者的营销策略。它主要包括竞争者的营销方式与策略、品牌与服务、价格、广告与促销、分销等策略的现状、应用及效果等。

（4）竞争者的优劣势。它主要包括竞争者经营管理的优劣势、代理的车型与品牌优劣势、网点、服务优缺点的调查等。

第二节　汽车与配件市场调查的步骤

汽车与配件市场调查一般可分为六个步骤:确定问题和调研目标、设计调研、收集数据、数据分析、撰写调研报告、跟踪。

一　确定问题和调研目标

随着企业外部环境的变化,营销经理需要适时调整市场策略,评估产品,决定促销、分销或定价的方案,及时发现和评估新的市场机会。

市场调研的目标是向营销经理提供有用的决策信息,管理者将这些信息同自己的经验和其他信息相结合,才能做出正确的决策。市场调研人员首先应该明确营销经理所面临的问题以及解决市场决策需要的信息,并在调研目标上与营销经理达成一致。

二　设计调研

设计调研是指为了实现调研目标或检验调研假设所要提前制定的实施计划。市场调研人员需要建立一个回答具体调研问题、机会的框架结构。客观上不存在唯一最好的调研设计,相反,调研人员可以有多种选择,每一种选择各有优缺点,调研人员需要进行权衡。一般来说,主要需权衡调研成本和决策信息的质量。通常,所获得的信息越精确,错误越少,成本就越高。另外需要权衡的是时间限制和调研类型。总之,调研人员必须在各种条件的约束下,向管理者提供尽可能好的信息。

三　收集数据

收集数据工作可以由公司自己或专业的市场调研服务公司完成。一个典型的汽车调研项目往往需要在几个城市收集数据,需要许多服务公司一起工作。为确保数据质量,需要就每一项工作制定详细的说明,调研的每个细节都应该得到控制,调研人员必须严格执行规定的程序。在调查完成后,营销管理者通常要与15%被访者联系,以便确认是否真正进行了调查以及调查是否按规定的程序进行。

最常用的数据收集方法是问卷调查法，表 3-1 是问卷调查法的一般步骤。

问卷调查法步骤　　　　　　　　　　表 3-1

步　骤	内　容
第一步	研究调研问题
第二步	拟定问卷内容
第三步	决定问卷外在特性（例如用纸颜色、字形、字号等）
第四步	问卷试用和修改
第五步	问卷定稿并投入使用

问卷内容尽可能减轻被访者负担。如对于可能出现的答题结果一一列出，由被访者选择，切忌由被访者用大段文字回答问题；用语要确切、温和；问题要有趣味性；每个问题不易太长；问卷内容不易太多，以免引起被访者的反感。

调研设计需要确定的另一个问题是抽取样本，简称抽样。样本是从总体中挑选出来并能代表总体的一部分，理想的样本能够代表并解释总体情况，从而帮助调研人员对人们的想法和行为做出准确估计。

抽样的步骤见表 3-2。

抽样调查的步骤　　　　　　　　　　表 3-2

步　骤	内　容
第一步	确定涉及的总体（调查谁）
第二步	确定样本大小（调查多少人）
第三步	确定抽样程序（用随机抽样还是非随机抽样）
第四步	确定调研工具（用问卷调研还是器具调研）

首先，必须界定所涉及的总体，即将要从中抽取样本的群体，该群体的观点、行为、偏好、态度等应有助于回答调研问题。然后确定样本的大小，大样本比小样本提供的结果更可靠，成本也更高。

其次，需要确定抽样程序，即是用随机抽样还是非随机抽样。在随机样本中抽样就是随机抽样，其特点是总体每个要素的概率大于零，采用这种样本，调研人员可以估计研究中的抽样误差。非随机样本指随机样本之外所有类型的样本，即任何没有试图完全代表总体各部分的样本都是非随机样本，在非随机样本中抽样就是非随机抽样。其特点是调研人员无法利用统计方法计算非随机样本的抽样误差。

最后，确定调研工具，问卷调研是最常用的工具，特点是灵活、方便；器具调研是指用录音机、摄像机等进行调研。

四　数据分析

数据分析的目的是解释所收集的大量数据并得出结论。工作组应对调查得到的资料及被调查者回函分门别类地统计分析和编辑整理，应审查资料之间的偏差以及是否存在矛盾。市场调研人员开始时可能只作简单的频次分析，最后可能会使用复杂的多变量技术。

调查收集的资料既要剔除调查资料中可查出的错误部分，又要找出资料间的内在联系，才能做出合乎客观事物发展规律的结论。

在分析整理资料时,要估计可能的误差。调查中的误差主要来自三个方面:一是因抽样调查中选取的样本没有代表性引起的,假设一位女访问员做入户访问,她怕狗,不敢进养狗的家庭,故意回避,于是产生了选取误差;二是由调查者的技术不高造成的,例如调查表设计不当,调查者在整理数据时对不完整的答案做出不符合实际的主观推断,或者有些男性被访者为了给女访问员留下好印象,往往夸大了他的收入,这就产生了测量误差;三是由被调查者疏忽、遗漏、拒绝回答而造成的,如访问员不能与样本中所有人取得联系,有些被访者拒绝回答问题或者拒绝回答部分问题,于是产生了拒访误差。市场调研的实施,总是伴随着各种各样的调研误差,我们必须承认误差的存在,并针对误差的性质分别加以控制。所以,误差可以说无处不在,控制误差的产生、评估误差对结论的影响,是调研设计者必须认真面对的课题。

市场调研是一门"永远有缺陷的艺术",要降低这种缺陷,一方面要求研究人员的行业背景和项目经验一定要丰富,另一方面要求调研工具有缜密的质量控制体系,能够从立项和预研究开始就以团队的形式来共同参与项目,最大程度上从制度和流程的层面降低"缺陷"。同时数据采集回来后,对于数据的清洗和数据分析水平的高低,直接会影响项目结果是否合乎项目的预期结果。

五 撰写调研报告

数据分析完成后,调研人员还必须准备撰写调研报告,并向管理层提出结论和建议,这是整个调研过程中最关键的环节,因为调研报告是营销调研的最终结果。调研报告编写的程序应包括:主题的确立、材料的取舍、提纲的拟订和报告的形式。在编写调研报告时,要注意紧扣调研主题,力求客观、扼要并突出重点,使企业决策者一目了然;要求文字简练,避免或少用专门的技术性名词,必要时可用图表说明。在调查报告中要回答调查计划中所提出的问题,并尽可能用准确的调查数字来说明;文字应扼要,有重点;分析问题力求客观,避免主观武断和片面性;提出解决问题的具体意见,避免不着边际、模棱两可地空谈。根据问题需要,可能还要求对关键问题做连续调查以了解其变化情况,或者为了巩固调查成果和验证调查材料的真实性,也需进行一段时间的追踪调查。凡有此种情况,都不能认为写出调研报告就是营销调研的终结。

1. 调研报告的写作

要写出优质的市场调研报告,必须注意报告与读者间的沟通,并尽可能规范写作标准,一般应遵循以下原则。

(1)完整性。一份完整的报告应当为阅读者提供他们所需要的所有信息,阅读者的兴趣和能力是决定内容完整性的关键,报告内容既不要过于简单也不要过于烦琐。作者的心理往往是不忍心舍去任何收集到的资料,但过多信息的陈列往往不能突出主要内容,一份报告太长,将挫伤读者去理解其内容的企图。

(2)明确性。明确性比其他任何写作原则更容易遭到破坏。明确性依赖于清晰、有逻辑的思考和推理,以及准确无误的表达。如果基本逻辑混乱、表达不准确,阅读者可能被迫去猜,容易对报告内容产生误解。

(3)准确性。在确保调研所得信息的可信性和有效性的基础上,报告起草者要精心准备,分析问题力求客观,避免主观臆断和片面性,保证报告的准确性。对数据的不合理处理、不合逻辑的推理、不合语法和习惯的表述,都会降低报告的准确性。报告的准确性首先要注意用词准确,每个概念都有特定的内涵和外延。在选用词语时,要准确地把握概念,做到词义相符。其次是注意资料的准确性和逻辑的正确性,不要使用夸张、比喻、拟人、借代等修辞手法,避免带有感情色彩的语言。商务调研报告在时间用语上要注意使用精确表达,尽可能避免相对表示。例如在2009年撰写报告时,提到当年发生的事,不要写"今年",而要写成"2009年"。尤其是在引用次级资料时,更不能错误地使用那些资料中的相对时间,如"最近""3年以来"等提法。

(4)简洁性。报告在保证完整性的前提下必须有选择地采用信息,确保报告的简洁。研究人员必须避免使读者面对所有的信息资料,如果有些材料有重复或与主题无直接关系就应该省略。作者还应避免对人们已熟知的内容大加讨论。

2. 调研报告的基本结构

尽管每一篇调研报告会因项目和阅读者的不同而有不同的写法,但调研报告的格式有基本的规定。一篇商务调研报告应该包含哪些内容,按什么顺序安排这些内容都有指导性意见,这些常规是在长期商务实践中逐渐形成的,也是从事商务调研的人应该通晓的。当然,常规并非是一成不变的,许多公司在其业务实践中都形成了具有自己特点的报告格式。

一份完整的调研报告可分为三大部分:前文、正文和结尾。表3-3列出的写作格式可作为一种建议供参考。

调研报告的基本结构　　　　　　　　　表3-3

基本结构	内　　容
前文(front matter)	1. 标题页(title page) 2. 授权信(letter of authorization) 3. 提交信(letter of transmittal) 4. 目录(table of contents) 5. 图表目录(list of illustrations, figures, graphs, etc.) 6. 摘要(summary)
正文(body)	7. 引言(introduction) 8. 研究目的(research objectives) 9. 方法(methodology) 10. 结果(results) 11. 局限性(limitations) 12. 结论和建议(conclusions & recommendations)
结尾(end matter)	13. 附录(appendix)

有时,要求调研人员就项目进行口头报告。在准备口头报告时,一定要考虑听众是谁。在报告的开始,应对调研问题和目标作清楚和简洁的说明,然后对调研设计进行全面而简洁的解释,之后用数据来说明问题。报告的最后,提出结论和对管理者的建议。

对营销管理者而言,他们可以通过口头报告快速了解调研结果,又能直接与调研人员面对面交流,对一些关心的问题直接提问,口头报告对调研成果的有效沟通具有重要作用。

口头报告前应做以下四种材料的准备工作。

（1）向每位听众提供一份汇报提纲，简要介绍报告的主要内容及重大的调研结果。它应包含统计图表，还应留下足够的空白，以便听众做笔记或作简要评论。

（2）报告尽可能做到可视化。国内目前流行的方式是应用 PowerPoint 软件为可视化提供媒介。调研人员运用各种技巧将研究内容和结论制作成幻灯片，然后通过电脑投射到屏幕上。口头汇报应该最大限度地通过可视化媒介来展示调研结果，应尽可能地运用图、表、统计数据等展示研究内容。在用图表时，还可通过选择不同的色彩提高人们对感兴趣部分的注意力。摘要、结论和建议等也应尽可能地可视化。

（3）为感兴趣的人提供一份最终书面报告。最终书面报告是调研结果的书面证明，它可以让每个人清楚在口头报告中省略掉的许多细节。

进行口头汇报要根据听众对象确定其内容和形式。许多商务调研人员不懂得这一点，总是喜欢向企业管理人员介绍调研中的技术问题，这种做法往往不受欢迎。高层管理人员希望在有限的会议时间内听取调研的主要发现、结论和建议。如果他们中有人对技术问题感兴趣，可以在会后去阅读书面报告。如果是向商务咨询班子作汇报，则需要在技术问题上有条理地进行阐述。

在口头汇报过程中，切忌照事先写好的发言稿宣读，而应该使用口语化的、简明的词句表达调研成果；要交代清楚所要讲的几个问题；对于重点内容，要放慢说话速度，甚至可以重复。

在汇报时，调研者还应做好答辩的准备，不是消极的应答和解释，而是要充满自信，富有渲染力和说服力。即使是最可靠、最有效的调研成果，如果不能使有权以此为基础而采取行动的管理者们相信其重要性，也是毫无价值的。

调研人员可以围绕表 3-4 内的几个问题，准备口头报告的具体内容。

口头报告的准备内容　　　　　　　　　　　　　表 3-4

序　号	内　　容
1	这些数据的真正含义是什么
2	它们有什么冲击性
3	能从这些数据中获得什么信息
4	在现有的信息下，需要做什么
5	如何才能提高对事物本质的认识
6	怎样可以使相关的信息更加有益

六　跟踪

在花费大量的人力、物力完成市场调研后，重要的是付诸实施。如果调研的意见和建议得以实施，还应该对实施效果加以跟踪，以便更好地修正和提高。

第三节　汽车与配件市场调查的方法

搜集市场信息的方法各自适应不同的条件和达到不同的目的，在运用这些方法时必须进行认真选择,具体采用哪一种或哪几种,要根据具体情况决定。

调查资料的来源分为两大类:第一手资料和第二手资料。第一手资料是通过实地调查或实验而取得的原始材料;第二手资料是别人搜集并经过整理的现有资料。从信息量来说,第一手信息的数量较少,大部分信息属于第二手信息。在制定调查计划时,需要确定采用哪种资料来源。进行调研最经济、最快速的方法是通过二手资料。二手资料的收集和分析是了解市场信息的快速有效而又经济实惠的办法,没有充分分析二手资料之前,一手资料收集工作不宜展开,否则很可能徒劳地导致市场调研无效。当然,二手资料本身作为一种相对独立的、常用的市场调研方法,完全可以作为调研实施的主要方法。搜集市场信息的方法也因信息的不同来源与不同存在方式而不相同,主要有以下几种:

一 调查法

调查法是取得第一手资料的主要方法。通过企业的销售人员对商业部门、消费者和用户的实地调查而得到市场信息。这种方法得到的信息比较准确,因而是企业普遍采用的方法,这种方法适合于收集描述性数据。当需要了解人们对某一品牌汽车的了解程度、态度、偏好和购买行为时,常采用直接询问个人的调查法。

二 索取法

索取法即直接向有关部门索要信息资料。索取的单位如果是国家的各个经济综合部门和管理部门,而索取的对象是他们积累的统计资料、会计资料和业务报表的话是不付费用的,但取得的信息大都是一些综合性资料,很难直接用于营销决策中,调研人员必须要有选择地进行分析整理。同时也可以通过向提供信息的部门付款的方式取得市场信息。提供信息的部门主要是市场研究部门和委托其代为搜集市场信息的部门。这种方法的费用较高,但得到的信息既快又准,是企业获取市场信息的重要方法。

三 观察法

即调研人员直接观察相关的人,研究其行为特点,再获取调研所需资料。观察法能获得人们不能或不愿提供的信息,然而有些信息又是不能通过观察得到的,比如感觉、态度、动机等。观察法适合探索性调研,如顾客动作调查和交通量调查时可以采用。

(1)顾客动作调查。当设计新店铺时,应先研究吸引顾客的最佳方式,此时应进行顾客动作观察。

(2)交通量调查。为研究某一街道的商业价值或改善交通秩序,调查某一街道的车辆以及行人流量或方向时,此时应进行交通量的调查。

四 访问法

通过邮寄、电话、个人采访或网络问卷获得需要信息的方法。值得一提的是,网上市场调查目前正被越来越多的企业采用,其主要优点是灵活、数据质量高、收集速度快、回答问题全面、成本低;缺点是对样本的控制能力较差。

访问法具体划分为以下几种形式：

(1) 问卷调查。常见问卷调查的方式可分为现场答卷、邮寄答卷和置留问卷 3 种形式。

(2) 面谈调查。面谈调查是调查人员与被调查者面对面地询问有关问题，从而取得第一手资料的一种调查方法，分为个人访问调查和集体座谈调查两种形式。

(3) 电话调查。电话调查就是选取一个被调查者的样本，通过电话询问一系列的问题。调查员（也叫访员）执一份问卷和一张答案纸，在访问过程中用铅笔随时记下答案。调查员集中在某个场所或专门的电话访问间，在固定的时间内开始面访工作，现场有督导人员进行管理。调查员都是经过专门训练的，一般以兼职的大学生为主（或其他一些人员）。有些公司由于电话访问项目较多而设有专职的电话访问员。

(4) 网上调查。网上市场调查是指在互联网上针对特定营销环境进行调查设计、收集资料和初步分析的市场调查活动。

五 摘录法

摘录法即通过对报刊、书籍上刊载的市场信息进行摘录来搜集市场信息。由于宣传机构掌握大量有价值的市场信息，通过摘录报刊、书籍等是搜集市场信息的一种重要方法。这种方法的费用主要花在购买报纸杂志上，是一种比较经济的方法。

六 交流法

交流法即通过企业间相互交换各自掌握的市场信息而搜集市场资料。具体形式包括交流企业内部刊物，也包括不同企业推销人员间的信息交流。这种方法经济实用，但需要建立广泛联系，以保证市场信息的来源。

七 试验法

调研人员直接进入市场通过试验而获取资料的方法，该方法适用于因果性调研。对于汽车商品，在改变品质、设计、价格、广告、陈列方法等因素时，可作小规模的试验性调查顾客的反应。

企业调研人员在定义问题时，应该将调查问题用一般的术语来陈述，但是同时具体规定其各个组成部分。调研问题一旦确认，市场调研人员就要根据获取"问题"的价值及企业自身调研的实力考虑调研的方式，即企业哪些信息可自主调研、哪些信息需依赖专业市场调研公司去调研。

第四节 汽车与配件市场需求预测

汽车与配件企业面对不断变化和竞争的市场，为了自身的发展，必须通过对市场的调查和预测，掌握市场的走势，从中寻找营销机会，避开和减少风险。此外，通过对市场容量、货源总量、竞争程度的测算和预测，企业可以提高营销计划的科学性，且短期的市场预测，也是企业安排生产计划的依据。

预测是对未来的预见和推测。市场预测就是利用科学的方法和手段,对市场一定时期发展变化的趋势进行有预见性的推测。市场预测是商品经济发展的必然产物。在商品经济条件下,生产和消费都离不开市场。随着市场逐步由卖方市场转化为买方市场,企业的产品销售直接取决于消费者的需求。汽车与配件市场运行规律比较复杂,市场需求经常出现波动,给汽车与配件营销工作带来了很多困难。因而,在加强研究汽车与配件市场运行规律的基础上,做好预测工作对于提高市场营销水平具有重要的现实意义,对企业的生存和发展也有着重要意义。它是企业搞好市场营销决策的依据,是正确编制和调整企业营销计划的基础,是正确指导生产、安排市场的前提,是进行营销管理的重要内容。科学的营销决策,不仅要以营销调研为基础,而且要以市场预测为依据。市场预测大致包括市场需求预测、市场供应预测、产品销售预测、竞争形势预测等。

迄今为止,预测理论很多,如预测的博弈性原理、规律性原理、周期性原理、相似性原理、惯性原理、系统性原理以及测不准原理等,由此也产生了很多预测方法,曾经使用过的方法已达150多种。这些方法各有自己的适用范围,也各有其优缺点。归纳起来,预测方法大体可分为两大类:一类是定性预测方法;另一类是定量预测方法。人们在实际预测活动中,往往结合运用两种方法,即定量预测必须接受定性分析的指导。只有如此,才能更好地把握汽车与配件市场的变动趋势。

一、市场需求预测的内容

市场预测是市场营销管理的重要组成部分之一,它是在市场调查的基础上,对市场的未来发展趋势进行的分析研究,通过对市场发展潜力的定性和定量预测,向企业的管理者提供准确的信息,为企业的正确决策提供依据。

为了保证市场预测的科学性和准确性,市场预测人员必须了解市场需求预测的必要性、分类、内容和原则,掌握市场需求预测的步骤和方法。

市场需求预测是制定企业营销战略的重要依据,因而是市场预测的首要内容。市场需求预测包括多项因素,主要内容有:

1. 国民经济发展趋势预测

预测国民经济的发展趋势,实际上就是预测汽车与配件企业的投资方向和发展方向,它在需求预测中起着宏观指导的作用。

2. 市场需求量预测

市场需求量是指在理想的市场条件下,某种商品可能达到的最大市场销售量。它是从部门的角度来预测某种产品的市场需求量。市场需求量的大小,既受外部环境的影响,也受内部条件的制约,这两种因素对市场需求量的影响都很大。

即使企业不增加任何营销力量,在市场极不景气的情况下,市场需求也不会等于零,总有一个最低需求点。在企业付出同等营销努力的情况下,由于市场环境的影响,也会出现不同的需求量。因此,企业的市场需求预测值只能局限于需求最低点和最大需求量之间。由于产品的差别,其市场需求最高点与最低点之间的差距是不同的。在可拓展的市场中其差距较大,在不可拓展的市场中其差距较小。因而在预测时必须全面考虑各种因素。

3. 购买力预测

这是对市场现有购买力水平和潜在购买力水平的预测。消费者的购买力由其收入水平和经济建设的需要所决定,其中收入部分还要扣除个人储蓄。因此,预测市场购买力既包括预测消费者收入提高的状况、储蓄的意向及生活方式的变化,又包括国家的投资政策及对基本建设投资增长的影响。

4. 市场占有率预测

企业市场占有率的高低,同企业营销力量的大小有直接关系。因此,预测市场占有率,就是预测企业的市场营销力量在整个营销力量中所占的比重。由于单位市场营销力量所获得的效益是有差别的,因而在进行比较时要加权计算。同时,企业对每种力量的付出都有一定的弹性,为了提高预测的准确性,还必须根据条件确定不同因素的弹性系数。

5. 产品生命周期预测

这是对企业的产品在市场上所处的生命周期阶段及其发展趋势的预测,其重点是预测各阶段的转折时间和持续时间。

二 市场需求预测的特点

市场需求预测是根据历史资料对未来市场情况做出的推测,是营销工作人员知识和智慧结合的产物。这一工作性质,决定了市场需求预测具有鲜明的特点。

1. 科学性

市场需求预测并不是主观臆断,它是营销工作人员运用科学的知识,坚持科学的态度,采用科学的方法取得的结果。科学性的特点首先表现为理论指导的科学性。市场需求预测的基本依据,是市场发展过程中的各种因素之间的相互影响的规律性,在数量上也存在着客观的比例关系。因此,通过各种方法找出其活动的规律和比例关系,就可以预测未来市场的发展趋势。根据这一原理,市场需求预测就是要发现各种现象间的规律性和各种因素间的数量关系。其次表现为预测方法的科学性。市场需求预测中将采用经验预测和计量预测相结合的方法,以提高预测结果的准确性。再次表现为预测程序上的科学性,通过科学的步骤达到科学的预测目标。

2. 近似性

由于市场活动受多种因素影响,其中任何因素发生变化都会引起市场情况的变化,因此,市场需求预测的结果不可能与现实的执行结果完全相同,从而表现出近似性。导致市场需求预测近似性的原因是多方面的:第一是市场本身的原因,即市场的变化受偶然性因素影响较大,有些因素可能发生,也可能不发生,很难预料;即使预测的事件发生了,其范围和程度也很难与预测的结果完全一致;同时,人们对市场变动规律的认识需要一个过程,这就决定了预测的结果只能是近似值。第二是预测方法本身的局限性。任何方法,不论其如何科学,也都只能近似地反映客观事物的数量关系,而不能把所有的影响因素及其影响程度准确地考虑在内,这也决定了预测的近似性。第三是预测人员的原因。正确的预测结果不仅要求预测人员有渊博的知识、丰富的经验,还必须具备市场的敏感性和稳定的心理状态,否则就会因借用资料、计算过程和判断中的失误而使预测结果不准。而企业的预测人员很难完全达到这一要求,从而使预测结果只能近似地反映现实。

3. 时效性

市场需求预测虽然是对未来市场状况的推断,但这种推断本身具有很强的时效性这一特点是由预测结果的要求决定的。预测结果总是要求越准确越好,要达到预测结果的准确性,首先必须有准确的信息资料,而准确信息资料取得的本身就要求及时可靠;其次,预测本身的规律是时间越短,预测结果的精确度越高,只有讲求时效,才能保证预测结果的可靠性。

4. 实践性

市场需求预测的实践性是由预测本身的要求决定的。企业进行市场需求预测的前提条件是取得及时可靠的市场信息,这些市场信息就来源于实践中。市场需求预测过程中采用的方法,也是从实践中总结出来的。市场需求预测的结果正确与否,要拿到营销实践中去检验。以上说明,市场需求预测既需要科学的理论指导,也是一项实践性很强的活动。

三 市场需求定性预测方法

定性预测主要依靠营销调研,采用少量数据和直观材料,预测人员再利用自己的知识和经验,从而对预测对象的未来状况做出判断。这类方法有时也用来推算预测对象在未来的数量表现,但主要用来对预测对象未来的性质、发展趋势和发展转折点进行预测,适合于数据缺乏的预测场合,如技术发展预测、处于萌芽阶段的产业预测、长期预测等。定性预测的方法易学易用,便于普及推广,但它有赖于预测人员本身的经验、知识和技能素质。不同的预测人员对同一问题预测结论的价值,往往有着巨大差别。但由于市场活动有许多偶然因素,很难用定量的办法直接计算,因而即使在科学技术现代化的情况下,定性预测的方法仍然被继续采用,并成为历史资料不全或不准的条件下采用的主要方法。定性预测的方法主要有以下几种:

1. 用户意见法

用户意见法就是通过调查用户意见来进行预测。这种方法主要用于预测商品的需求状况和新产品的发展方向。从产品来说,这种方法更适应于生产资料的预测,某些消费资料也可运用此法。对用户意见的调查,一般采用抽样调查的办法进行,但对于个别使用范围和品种规格都有限的重要品种,也可以采用普查的办法,以取得比较全面、可靠的资料。采用这种方法的好处是节省人力、物力,情况汇总快,有些品种的准确性较高;缺点是适用范围有限,有些意见消费者不愿意坦率地提供给调查者,从而使预测的结果产生失误。

2. 专家意见法

专家意见法是根据有关专家的专门知识和直接经验,对研究的问题进行判断预测的一种方法。这种方法有3种具体形式:

(1)个别征询式。个别征询式即选择个别专家征求预测意见,然后根据这些专家的意见提出预测结果。这种方法的优点是简便易行;缺点是这些个别专家受其经验的限制,容易产生预测的失误。

(2)专家会议式。专家会议式即邀请许多专家对所要预测的问题进行充分讨论和分析,最后提出预测的结果。这种方式的优点是信息量大,考虑因素多,涉及面广,并且专家之间可以互相启发,以弥补个人知识的不足。这种形式也有明显的缺点,即容易产生不动脑筋和不敢明确表明自己观点的随大流现象,有时还会出现争论不休,意见不能统一。这些都会影响预测结果的精确度。

(3)函询调查式。这种方式在国外叫德尔菲(Delphi)法,是在20世纪40年代末期,由美国兰德公司首创并使用的。整个调查活动采取不署名和反复进行的方式,其基本过程是:确定调查的专家人选后,以信函的形式寄出包括预测资料和要求的征询预测意见表,由参加预测的专家填写,填完寄回。预测单位把专家的意见进行综合整理,然后将不同的预测结果匿名以书信的形式发给参加预测的人员,再次征询被调查者的意见,被调查者可以坚持或修正自己以前的观点。这样反复进行多次,最后得出预测结果。对函询调查结果进行综合意见的方法一般用总数中位汇总法和比重众数汇总法两种。前者是取各位专家预测意见的中间数字;后者是取出现次数多的数字。这样做使该方法的汇总简单,便于采用。该方法由于是以背靠背的形式进行,各个专家都不知道别人的具体意见如何,所以有很大优点,一是可以避免专家会议那种碍面子而随大流的现象,使每一个被调查的专家都能各抒己见,并不断地修改自己的意见,最大限度地发挥个人能力;二是费用不高,简便易行。这种方法的缺点是个人的判断水平要受到专家知识面的深度、广度、占有资料等因素的限制。

3. 经理人员判断法

这种方法是由负责的经理人员邀请销售、市场研究、生产管理、财务等部门的主管人员,在一起广泛地交换意见,共同预测市场的发展前景。由于参加预测的人员不仅熟悉本部门的工作,而且都比较了解宏观市场,在预测方面都有丰富的经验,因此,通过汇集各方面的意见进行预测,能收到速度快、费用省的效果。这种方法的缺点是,容易受预测时的乐观或悲观气氛的影响,因而带有一定的风险。

4. 销售人员估计法

这种方法是由销售人员根据自己的经验估计市场的需求量和本企业产品的销售量。由于销售人员直接接触消费者,直接参加市场的各种营销活动,因而对消费者和竞争厂家的动向了解得比较清楚,尤其是对自己负责的销售范围内的情况更清楚。因此,他们的估计往往能反映多数人的意见,尤其在市场上影响供求的各种因素变动激烈时,能考虑到各种非定量因素的作用,使预测的结果接近实际情况。但销售人员一般都缺少预测的专门知识,并且对宏观市场信息了解较少,加上个人情绪的影响,因而又会影响预测结果的精确度。

5. 综合判断法

这种方法通常是指经理人员判断法与销售人员估计法的综合。该方法由于集中了两类人员的经验,可以相互补充验证,在预测中又可根据以往的经验中各自预测的准确程度进行加权平均,因而预测的结果更接近实际情况。为了提高预测结果的准确性,综合判断法还可在上述两种方法综合的基础上再加上用户意见和专家意见,成为3种方法或4种方法的综合,这种预测的结果会更准确。

总之,随着社会经济及科学技术的发展,预测方法也在不断地发展和完善,汽车与配件市场营销预测人员应不断加强理论学习,并通过预测实践总结出一些实用方法。

四 市场需求定量预测方法

定量预测方法是依据必要的统计资料,借用数学方法特别是数理统计方法,通过建立数学模型,对预测对象的未来在数量上的表现进行预测等方法的总称。

近年来,由于计算机技术的飞速发展,大量的分析、预测软件也应运而生,使企业的调研人员也从繁冗的分析计算中解放出来。比较典型的有:ERP(企业资源计划)、CRM(客户关系管理)、BPM(业务流程管理)、SCM(供应链管理)、BI(电子商务智能)、MES(制造执行系统)、EAM(企业资产管理)、OA(办公自动化)、PLM(产品生命周期管理)、KM(知识管理)。分析应用软件可以使公司的计划、预测等行为自动化,从而使其获得竞争领先地位。这种需求促使了分析应用软件的发展。

IDC 最近研究指出,全球分析软件将呈加速增长态势,年度复合增长率将达 28%,即从 l999 年的 20 亿美元上升到 2004 年的 60 亿美元或更多。其中,比较著名的有:SAP 公司的 DCS Quantum 汽车经销商系统、SPSS 现在的 11.03 版本、QAD 的企业应用解决方案以及 2006 年 1 月的首届"百家优秀管理软件交流会"评出的最佳汽车行业解决方案(In for 中国有限公司)等。这些分析应用软件具有以下特点:

(1)提供更快速和周到的服务以吸引和保持更多的客户,提高客户的忠诚度;

(2)通过对业务流程的全面管理降低企业的成本;

(3)有效运用资源,创造商机,将被动的客户服务中心演变为主动、积极、集服务和营销于一体的盈利中心;

(4)发现并定位最有价值客户群,并为之提供最高级别的服务,形成个性化的客户关系模型,以达成提升客户满意度、获取最大利润的目的;

(5)明确市场目标及竞争策略,借此建立高素质、业界领先的销售队伍;

(6)为公司雇员提供必要的信息或流程,使之充分了解客户及其需求,并使其能在企业、客户、合作伙伴间建立有效的关系。

在从卖方市场到买方市场的转变过程中,客户的需求也有了明显的改变。汽车行业正在经历从"卖汽车"到"卖服务"的转变,整车销售的竞争不再仅仅是汽车本身的竞争,而是企业整体营销的竞争。面对今天以客户、竞争、变化为主要特征的时代背景,汽车厂商也逐渐把发展的重点转移到了汽车服务这个巨大的市场中。实行整合行销,为消费者提供更多的附加服务已经在业内形成了共识。汽车行业的服务正在逐步从"以产品为中心"向"以客户为中心"模式的转移。汽车厂商考虑的不仅仅是如何把车卖出去,而是如何使客户继续选择厂商提供的服务。因此,有效的客户管理工作就显得十分重要。目前,上海通用、上汽大众、广州本田等知名厂商均已引入计算机软件管理系统。

一部汽车的销售流程实际是一个获取客户的过程,从初次接触到最终实现销售,卖家始终都是以与用户保持沟通作为基础,而客户关系管理也正是要求销售员要严格按照这个流程来开展工作,并且保证每一步都要与用户进行深入的沟通并记录下来。举一个简单的例子,现在,客户在经销商处购车,都要为用户提供试车服务,而且在购车后,经销商还会为客户提供一系列的优惠服务,使客户能够继续使用经销商的服务。如果在营销过程中没有进行这一步骤,经销商必须要记录其中原因:是由于用户主动放弃,还是由于经销商的原因。经销商要认真总结和分析这些原因,不断完善和优化自己的业务流程,提高用户对汽车产品和企业的满意度。如果不依靠一套科学有效的系统,那么这些工作将很难完成。今天,成熟的消费观念使汽车厂商感觉客户越来越精明挑剔,如何维护客户关系变得比以往任何时候难度都大。如何提高整个营销体系的效率,快速响应客户的需求,成为各汽车厂商竞争成败的关键。一个公司如何更好地衡量、预测和优化自己的商业行为,已经越来越引起人们的注意。

本 章 小 结

(1)汽车与配件市场调查涉及营销活动过程的各个方面,调查的主要内容可以概括为营销环境调查、营销组合策略调查、用户购车行为调查、竞争对手情况调查。

(2)汽车与配件营销环境调查,一般包括社会文化环境调查、经济环境调查、科技环境调查、政治法律环境调查。

(3)汽车与配件营销组合策略的调查,一般包括汽车营销渠道调查、汽车销售价格调查、汽车广告促销调查、品牌与车型调查。

(4)汽车与配件竞争对手情况调查,一般包括竞争者的确认、竞争者的优劣势、竞争者的营销策略、竞争者基本情况调查。

(5)汽车与配件市场调查一般可分为确定问题和调研目标、设计调研、收集数据、数据分析、撰写调研报告、跟踪六个步骤。

(6)最常用的数据收集方法是问卷调查法。

(7)汽车与配件市场调查的方法,一般包括试验法、交流法、摘录法、访问法、观察法、索取法、调查法。

(8)汽车与配件市场需求预测的内容,主要包括国民经济发展趋势预测、市场需求量预测、购买力预测、市场占有率预测、产品生命周期预测。

(9)汽车与配件市场需求预测的方法主要包括综合判断法、销售人员估计法、经理人员判断法、专家意见法、用户意见法。

一、填空题

1.汽车与配件市场调查涉及营销活动过程的各个方面,调查的主要内容可以概括为_____、_____、_____、_____。

2.汽车与配件市场调查的方法,一般包括_____、_____、_____、调查法、试验法、访问法、观察法。

二、选择题

1.以下关于市场调查的作用的说法中错误的是( )。
  A.有利于制定科学的营销规划   B.有利于优化营销组合
  C.有利于开拓市场   D.可以解决营销中的所有问题

2.以下主要用于获取第二手资料的市场调查方法是( )。
  A.访问法   B.观察法   C.试验法   D.调查法

三、判断题

1. 汽车市场环境调查是汽车市场调查的主要内容之一。（　　）
2. 一般性调查报告可从本企业的利益出发，特别强调调查结果中对本企业有利的事实以收取宣传广告之效。（　　）
3. 问卷调查法是最常用的数据收集方法。（　　）

四、简答题

1. 简述汽车与配件市场调查的主要内容有哪些？
2. 简述汽车与配件市场调查撰写调研报告包含的主要内容有哪些？
3. 汽车与配件市场需求预测的方法是什么？

第四章 汽车与配件营销策略

> **学习目标**
> 1. 能叙述汽车与配件的价格策略;
> 2. 能叙述汽车与配件的分销渠道策略;
> 3. 能叙述汽车与配件的促销策略。

企业在营销管理过程中,选定了目标市场并明确了市场定位之后,应该根据产品在目标市场的定位,制订营销组合策略。产品策略是营销组合策略的首要因素,其他策略都是以产品策略为基础。一个汽车企业在制订营销组合时,首先需要确定的就是发展什么样的汽车产品来满足目标市场的需求,因此,汽车产品开发从某种意义上来说也是一个市场营销问题,而不仅仅是单纯的技术问题。

第一节 汽车与配件的价格策略

在竞争激烈的汽车市场中,面对日益成熟的消费者,企业在制定汽车产品价格时,要分析影响价格的各种因素,制定合适的价格策略,同时要做好市场调查工作,充分掌握潜在客户的心理期望,做到价格既具有竞争力,又符合消费者的愿望。

一、汽车与配件价格的构成

汽车产品价格是汽车与配件市场营销中的一个非常重要的因素,它在很大程度上决定着市场营销组合的其他因素。在构成汽车产品价格的成本、利润、税金三要素中,成本是最重要的部分,它在很大程度上决定了汽车产品的价格水平。

1. 汽车生产成本

它是汽车价值的重要组成部分,也是制定汽车产品价格的重要依据,主要包括以下几个方面:

(1) 生产经营过程中实际消耗的各种原材料、辅助材料、备品配件、外购半成品、燃料、动力、包装物、低值易耗品的原价和运输、装卸、整理费用。

(2) 固定资产的折旧、按产量提取的更新改造资金、租赁费和修理费。

(3) 科学研究、技术开发和新产品试制所发生的不构成固定资产的费用,购置样品、样机和一般测试仪器设备的费用。

(4) 按国家规定列入成本的职工工资、福利费、奖励金。

（5）按规定比例计算提取的工会经费和按规定列入成本的职工教育经费。

（6）产品包修、包换、包退的费用。废品修复费和报废损失，停工期间支付的工资、职工福利，设备维护和管理费，削价损失和经批准核销的坏账损失。

（7）财产和运输保险费，契约、合同公证费和鉴证费，咨询费，专用技术使用费，以及应列入成本的排污费。

（8）流动资金贷款利息。

（9）办公费、差旅费、会议费、宣传费、冬季取暖费、消防费、检验费、劳保用品费、仓储费、商标注册费及专利申请费、展览费等管理费用。

（10）销售商品发生的运输费、包装费、广告费和销售机构的管理费，以及经批准列入成本的其他费用。

2. 国家税金

它是汽车产品价格的构成因素。国家通过法令规定汽车的税率，并进行征收。税率的高低直接影响汽车的价格。

3. 汽车企业利润

它是汽车生产者和汽车经销者为社会创造和占有的价值的表现形态，是汽车价格的构成因素，是企业扩大再生产的重要资金来源。

总之，成本＋利润＋税金构成了我国汽车产品的基础价格即出厂价格。

二 汽车产品市场价格的形成

以生产成本、企业利润和上缴税金等形成的初始价格即出厂价，随着汽车产品在市场上的分配和销售，汽车产品的市场价格会随着供求关系、市场竞争、国家经济政策的变化而发生变化，从而形成特定时空点的市场价格。目前，我国汽车产品的市场销售价格主要由以下内容构成：

（1）车价，即汽车的原始价（国产车的出厂价，进口车的到岸加海关税、增值税及其他费用）。

（2）车辆购置附加税。

（3）特别消费税。

（4）营业税。

（5）流通、销售环节经营管理费用及合理利润。

（6）其他费用，如运杂费和根据用户要求办理的蓬垫装置费、新装附件费。

汽车与配件产品市场价是以出厂价为基础，以各种购置附加税、费和经营单位附加费为主形成的，并受市场供求状况的影响上下波动。当调整配件号后存在差价时（这主要发生在进口配件转国产或国产配件转进口的配件品种上，这是因为采购成本差异造成的），将采取以下措施保护经销商利益：

（1）经销商采购价格上调时，经销商端最终用户价格同步上调。

（2）经销商采购价格下调时，经销商端最终用户价格在调价后的6个星期内，经销商端最终用户价格保持不变。

三 汽车与配件定价策略

价格模式是根据供求关系和产品生产成本、产品需求属性而进行产品定价的理论方法,它适合于理想状态下的市场环境。在企业实际营销过程中,存在着多种错综复杂的经济关系,企业的定价不能仅仅只从自身的愿望和产品属性出发,机械地进行理论定价,而必须在考虑多种市场因素、政策因素、消费者因素的基础上,选择较为简化、灵活的定价方法进行产品定价,做好价格的管理和调整工作。一般认为,基本定价方法有三种:成本导向定价法、需求导向定价法和竞争导向定价法。

(一)成本导向定价法

成本导向定价法就是以产品的成本为中心定价的方法,反映了基本的价格原理,即只有当产品的平均价格水平高于总成本时,企业才能进行有效的再生产。

其优点是:简便、实用;降本求利,一般不会诱发价格竞争。

其缺点是:定价过程脱离市场;定价过程使得企业有利可图,企业缺乏技术革新、主动控制和降低成本的动力和压力。

这一类定价法有许多具体形式,这里介绍两种常见形式。

1. 成本加成定价法

按产品成本加上一定比例的毛利定出产品的销售价格,这是成本导向定价法的基本形式。其计算公式为:

$$汽车加成价格 = \frac{单台汽车成本 \times (1 + 汽车成本利润率)}{(1 - 税率)}$$

其中:

$$汽车成本利润率 = \frac{要求达到的总利润}{总成本} \times 100\%$$

例如:设某个汽车企业一年要求达到的总利润为 6000 万元,总成本是 3000 万元,只生产某种汽车产品 2000 台,产品税率为 10%,计算得:

$$成本利润率 = \frac{6000}{30000} \times 100\% = 20\%$$

$$汽车加成价格 = \frac{(30000/2000) \times (1 + 20\%)}{(1 - 10\%)} = 20 \text{ 万元}$$

这种定价方法能保证企业产品的平均价格水平高于总成本,从而保证企业能进行有效的再生产。其优点是:同行业的加成率一致,若成本也相互接近的话(这在我国几家大型汽车生产企业之间是可能的,但许多中、小企业生产成本相当高),定出的价格也相差不多,可以避免竞争摩擦加剧;"将本就利"的定价方法容易为购买者理解和接受,对汽车产品销售是有利的,由于其简便易行、能有效抑制价格竞争的显著优点,至今在很多企业还得到了广泛的使用。

加成定价的不足在于,这种定价方法只有在卖方市场的情况下运用,在买方市场条件下肯定是不合时宜的。

2. 目标利润定价法

所谓目标利润定价法是指根据估计的总销售收入（销售额）和估计的产量（销售量）来制定价格的一种方法。其计算公式如下：

$$汽车价格 = \frac{汽车目标成本 \times (1 + 汽车目标成本利润率)}{(1 - 税率)}$$

其中：

$$汽车目标成本利润率 = \frac{要求达到的总利润目标成本}{目标产销量} \times 100\%$$

具体做法是，企业以估计的销售量求出应制定的价格，但由于价格恰恰是影响销售量的重要因素，因此这种做法有重要的缺陷。在采用这种方法定价时，企业首先应明确统计期内所要实现的目标利润，然后再根据销售量的预测确定出统计期的产品销件量，再核算出单位产品的可变成本，以及统计期内应回收的固定成本总额，从而完成定价工作。

目标利润定价法与成本加成定价法的区别在于：前者是根据预计的销量反算成本，后者则是不管销量如何，先确定成本。此外，前者的目标利润率是企业根据需要和可能自行制定的，后者则是按照行业惯例确定的。可见，前者适合汽车产品生产企业，后者适合汽车产品贸易企业。

（二）需求导向定价法

这种方法是企业通过广泛的市场调研，对企业的产品确定一个市场可以接受的，并使企业获得较大利润，具有一定竞争力的价格作为目标价格。

其优点是：考虑了市场需求对产品价格的接受程度；对企业有降低成本的压力和动力。

其缺点是：定价过程复杂，特别是各种价格下的市场需求量，难以做到准确估计；由于技术等各种因素的限制，不一定总是能将产品成本降到用户的感受价值之下，所以此方法不一定总是具有可行性。

需求导向定价法与成本导向定价法的优缺点刚好相反。

需求导向定价法的基本步骤如下：

（1）通过调查确定消费者的感受价值，决定商品的初始价格。

（2）预测商品的销售量，在估计的初始价格条件下，可能实现的销售量。

（3）预测目标成本。其公式为：目标成本总额 = 销售收入总额 − 目标利润总额 − 税金总额。

（4）决策。把预测的目标与实际成本进行对比，来确定价格。

（三）竞争导向定价法

竞争导向定价法是企业依据竞争产品的品质和价格来确定本企业产品价格的一种方法。

其优点是：这种方法定价简便易行，所定价格竞争力强；只要竞争产品的价格不变，即使本企业的产品成本或需求发生变化，价格也不变，反之亦然。

其缺点是：价格比较死板，有时企业获利也较小。

竞争导向定价法比较适合市场竞争激烈的产品。营销者在运用这一方法时，应当强化用户的感受，使用户相信本企业产品的价格比竞争对手更符合用户的利益。

在当代竞争激烈的国际汽车市场上，不少汽车公司采用此法。例如，日产汽车公司的定价，就是先充分研究丰田汽车公司相似产品的价格，然后再给自己的产品制定一个合适的价格。如果丰田的价格调整了，日产公司通常也要做出相应的反应。

竞争导向定价法常见的具体方法有两种：

(1)随行就市定价法。指按行业近似产品的平均价格定价，是同质产品惯用的定价方法，也比较适合用于产品的成本难以估计、企业打算与竞争者和平共处、对购买者和竞争者的反应难以估计等场合。

(2)投标定价法。指购买者采取公开的或行业的相关渠道发布采购信息，邀请供应商在规定的时间内投标(该过程叫招标)。有意参加招标的各供应商，各自秘密地填写招标书内容，在规定的截止日前将填写的招标书交给招标人(该过程叫投标)。招标人在公开或内部监督的条件下于截止日揭开各供应商的投标书内容(该过程叫开标)，然后招标人根据各供应商填报的价格，并参考其他条件(供应商的产品质量、服务、交货期等)进行评议(评标)，确定最终中标情况，宣布招标结果(结标)。事实上，投标者的报价就是在进行竞争性定价。

企业在使用竞争导向定价法时，必须考虑竞争者可能针对本企业的价格所做出的反应。从根本上来说，企业使用竞争导向定价法是为了利用价格来为本企业的产品适当定位、同竞争者抗争。

四 汽车与配件动态定价策略

在市场中企业产品所面临的各种因素是处在一种动态变化之中的。如不同用户的个性特征、经济条件、文化背景、购买动机、价格敏感程度都有所差别；竞争企业的产品价格、销售目标也在不断地变化之中。因此，企业管理者，特别是市场营销人员，必须掌握购买者和竞争者等市场参与者不断变化的情况，随时调整基本价格，以便促进和扩大销售，提高经济效益，抗衡竞争者的进攻。

(一)调整基本价格

企业调整基本价格的策略主要有以下几类：

1. 运保承担定价策略

一般而言，汽车工业企业产品的销售范围较为广泛，把产品从产地运到顾客所在地，需要花费装运费、货物运输保险费等。所谓运保承担定价策略，就是汽车工业企业针对不同运保费用承担方式而进行价格调整的策略。

2. 价格折扣和折让策略

企业常常酌情调整产品基本价格，以鼓励用户及早付清货款、大量购买、淡季购买，这种价格调整叫做价格折扣和折让。

3. 促销定价策略

企业利用特定事件，对特定商品降低价格以促进产品销售的调价策略。汽车企业可以大幅度降低某一规格产品(特别是积压和过时车型)的价格，甚至调至成本价以下，以此吸引顾客对企业及产品的关注,并吸引顾客购买正常加价的车型,达到压库促销的目的。企业还可以利用厂庆、"3·15"消费者权益日等特定事件,调整产品价格,促进阶段性销售。

4. 心理定价策略

在汽车产品的营销中,营销人员应当充分利用用户的心理特征,采取心理定价策略,争取用户购买,扩大产品销售和增加企业收益。由于购买者的心理变化较为复杂、多样,这就要求汽车产品营销人员,在向顾客报价时充分注意其心理感受,灵活运用价格手段,引发和强化购买欲望,促成其购买行为。心理定价策略对于汽车产品一线推销人员尤其重要。

(二)竞争条件下的价格策略

我国汽车工业市场竞争日趋激烈,而且面临国际市场的强烈冲击。为了企业的生存和发展,企业必须运用各种营销策略参与和抗衡竞争,其中包括价格策略。

1. 企业发动削价和提价

(1)企业在以下情况下考虑削价:

①企业生产规模扩大,生产能力过剩,因而需要扩大销售,但企业不能通过产品改进和加强销售工作来扩大销售。

②在强大的市场竞争压力下,企业的市场占有率下降。例如,随着我国汽车关税逐年大幅下降,进口汽车价格每年都有相应下降,国产汽车价格也在不断调低,以保持和扩大市场占有率。

③企业的成本费用比竞争者低,力图通过削价来掌握市场或提高市场占有率,从而扩大产销量,降低成本费用。近十年来,我国已经达到或接近汽车工业规模经济的汽车企业(集团)利用其成本优势,通过降低价格,已使许多中、小汽车企业推出市场,企业本身基本控制了其主导车型国内市场主动权。

(2)在以下条件下应考虑提价:

①由于通货膨胀,物价上涨,企业的成本费用提高,许多企业不得不提高产品价格。在通货膨胀条件下,企业往往有策略的来调整价格。如采取推迟报价定价策略,即企业暂时不规定最后价格,等到产品制成或交货时方确定最后价格;在合同上规定调整价格条款,即企业在合同上规定在一定期间内(一般是到交货时止)可按某种价格指数来调整价格;采取不包括某些货物、附件、服务的定价策略,即产品主体价格不变,但原来提供的某些货物、附件、服务要计价收费,以补偿物价上涨带来成本费用的增加;减少价格折扣,即企业削减原来实行的现金折扣和数量折扣,并限制销售人员低于价目表价格销售,不接受延期、分期付款的订单;降低产品质量,减少产品特色和服务。

②产品供不应求,不能满足所有顾客的需求时,企业就应适当提价。就我国目前汽车市场的特征而言,今后相当长一段时间内,汽车产品的价格会趋于降低,而且率先发动降价的企业通常应当是大型汽车企业。企业无论削价和提价,必然影响购买者、竞争者、经销商,而且政府对企业变价也不能不关心。因此,企业在作出价格变动前和新价格实行的过程中,应当估计各方反应,研究相应对策,以达到变价的目标。

2. 用户对价格变动的反应

用户对汽车工业企业的产品降价可能会这样理解:

（1）企业生产能力过剩，成本降低，市场不景气，行业竞争加剧，国家政策引导等经济、政策因素所致。

（2）某种产品老化、有缺点、销路不畅、库存积压等产品因素所致，后续将有新产品上市。

（3）企业想提高市场占有率争取某一市场地位等企业营销战略因素所致。

（4）企业财务困难、经营困难等财务因素所致。

（5）顾客预测产品价格还会进一步下跌。

一般而言，用户对大型汽车企业削价和中小企业削价的反应有所不同，对率先削价和跟进削价的理解也不同。企业应当根据用户反应，做好宣传、解释、引导工作，以避免因用户误解而推迟购买，改变购买意向等行为的发生。

对于汽车产品，用户虽然关心产品价格变动，但更关心取得、使用、维修费用和安全保证等。如果卖方主动使顾客相信其产品的取得、使用、维修的总费用较低，较为安全。那么企业可以把其产品价格提升得比竞争者高，取得较多的利润。

3. 竞争者对价格变动的反应

汽车行业中企业数目较少，特别是同种车型生产企业更少。购买者往往对汽车产品进行认真辨别，这使得汽车企业变价时，竞争者的反应更显重要。企业可以从两个方面来估计、预测竞争者对本企业产品价格变动的可能反应。

（1）假设竞争对手采取老一套的办法来对付全企业的价格变动，在这种情况下，竞争对手的反应是能够预测的。有两种方法可以了解竞争对手对本企业价格变动的反应政策：通过内部情报、资料和借助统计分析。

（2）假设竞争对手把每次价格变动都看作是新的挑战，并根据当时自己的利益作出相应的反应。在这种情况下，企业就必须断定当时竞争对手的利益是什么。为此企业必须调查研究竞争对手目前的财务状况，近期的销售和生产能力，用户忠实程度，以及公司经营目标等。在调查研究的基础上，可以预测竞争对手对企业变价的反应。

此外，政府、行业协会、新闻机构、供应商和分销商、代理商都会对企业的价格变动作出反应，这些对企业变价后的营销环境都会产生重要影响，从而影响和制约变价目标的达成。企业在发动价格变动时，必须善于利用企业内部和外部的信息来源，观察、预测各方面对变价的反应，以便采取适当的对策，顺利达到变价目标。

最后，企业也会因为面临竞争者发动的价格变动，作出相应价格或营销策略变动，以维护企业的市场利益，抗衡竞争者的挑战。

第二节　汽车与配件的分销渠道策略

汽车企业有了适销对路的产品和合理的价格，还必须通过适当的分销渠道，才能克服产品在厂商和用户之间存在着的时间、地点、数量和所有权等方面的差异和矛盾，实现产品从生产者到用户的流通，并不断增强企业抵御市场风险的能力。要实现这些目标，一个重要而复杂的前提就是企业必须建立一套既能发挥其产品优势，又能适应市场变化的分销体系。

所谓分销渠道，又称商品的销售渠道或分销途径，是指商品从生产领域转移到消费领域所经过的路线和途径，它是沟通生产者和消费者之间关系的纽带和桥梁。怎样以快而有效的渠道将产品输送给消费者,往往是企业面临的最富有挑战性的问题之一,也是企业占领市场、赢得市场的条件之一。

一 分销渠道的基本模式与结构

(一)直接渠道的分销

直接渠道是一种"供需见面"的分销模式,这种模式又可分为直销和传销两种类型。其中,直销曾经被称之为"无店铺销售制",即不经过任何的中间环节,由生产者将产品所有权直接转交给消费者的一种分销模式。此种模式起源于20世纪40年代的美国,并在世界范围内得到了迅速发展。美国前直销协会主席鲍勃·斯通在其所著《成功的直销方法》一书中,将直销称之为"第三代促销方法",而那本书则被他的崇拜者们奉为直销的经典。至于传销,则是一种"消费者销售制",即消费者自己组织起来,以消费者和销售者的双重身份来分销产品的一种分销模式。此种模式是由美国加利福尼亚州的 Lee·Mytnger 和 Willian·Casselderry 两人于1945年为 Nu·trilite 公司销售营养品时所设计的一种促销方式。由于这种方式投资小、时间灵活,特别适合白手起家者的创业需求,一时间同志云集、风云突起,成为许多人的梦幻之路。这种分销模式20世纪70年代末风靡日本,80年代初风行东南亚,90年代初席卷了中国内地。只是有些人财迷心窍,将传销者变成了经商者,将金字塔变成了老鼠会,终于惹得天怒人怨,于90年代末遭到取缔。

在世界汽车市场上,韩国是采用直销模式分销汽车的国家。现代、大宇、起亚三大汽车公司,在全国均独资设店,不但销售价格、销售策略以及服务项目等均由总公司统一制定,而且,分销店铺和维修网点的工作人员也均为公司的正式职工。一杆到底,绝无旁逸,具有明显的排他性。这种直销模式虽然具有简洁、务实、高效的特点,却集中了较大的投资风险,分散了资金的时间价值,拒绝了广泛的社会支持。好在三大汽车公司已经认识到这一点,并正在着手建立合资的经销网点。在我国,上海大众汽车公司是率先采用直销模式的企业。但是,他们的直销模式却与韩国不同。1997年,江、浙、沪、皖等地的20家上海大众汽车特约维修站摇身一变,都被授予了桑塔纳轿车的整车直销权。不但将销售与服务结合成了一体,而且分散了企业的投资风险,集中了资金的时间价值,吸纳了广泛的社会支持。有关专家对此评价说,此举不但有助于理顺国内汽车市场的价格体系,而且改变了因多层批发而引起的价格倒挂,以及因投放重叠而导致的内部竞争。

一般来说,汽车分销的直接渠道主要有专卖直销、连锁直销、热点直销、拍卖直销、网络直销和直销网络六种类型。

1. 专卖直销

专卖直销是一种由企业自开专卖店堂的直销形式。标准的专卖直销店堂,只销售某一企业或某一品牌的产品,并且集整车销售、配件供应、售后服务和信息反馈于一体,也即通常所说的4S专卖店。汽车专卖店不仅要负责整车销售、配件供应、维修服务和信息反馈,而且要具有广告宣传、汽车信贷、汽车救援、新旧置换等多种功能,即"从生管到死",安危系一身。

自从广州本田公司把4S店这一品牌销售和服务模式引进中国后,以4S店为代表的品牌销售和服务模式很快成为我国汽车流通领域的主流模式。这在轿车上表现得最为明显,几乎所有的轿车生产商都要求销售商建立合乎自己要求的3S、4S专卖店,原来货车生产商的要求相对宽松一些,但近两年来也开始走上要求销售商全部3S、4S化的道路。汽车专卖其实只是一个俗称,正规的或法律意义上的说法包括两个:特许经营及区域代理。

（1）特许经营是指厂家将全国市场划分为若干片区,选择经销商进行特许授权,并通过地区分公司进行管理,其特点是片区内可以有一个或多个特许经销商,经销商之间允许在同一区域内竞争,但不允许进行跨片区销售,也不允许销售其他品牌的汽车。安徽江淮、武汉神龙等公司的经销商就是特许经营。

（2）区域代理是指生产厂家在其划定的各区域内选择唯一的代理经销商进行买断经营,其特点是经销商在区域内是唯一的,且一般都是3S、4S性质,经销商不允许进行跨区域销售,也不允许销售其他品牌。一汽解放、广州本田、二汽风神等公司实行的就是区域代理。

汽车专卖店的优点和缺点同样明显。其优点是品牌突出、专业性强、店面形象较好、购物环境好、售后服务有保障。但是,随着买方市场的到来,在卖方市场下形成的具有中国特色的4S店这一主流品牌销售和服务模式的弊端越来越显现出来,比如品牌单一、没有比较、车型选择余地小;从经销商的角度来说,投资专卖店存在很大的经营风险,投资巨大,回收期长,经营回旋的余地很小。总体来说,我国汽车市场现有汽车专卖店销售模式的弊端有如下几个方面:

（1）制造商处于绝对优势和控制地位,制造商制定游戏规则,经销商无条件服从制造商的游戏规则并负责4S店的全部投资。这种在卖方市场下形成的4S店模式,由于制造商几乎是零风险,因此,制造商在制定游戏规则时,当然希望4S店越大越好,越豪华越好,反正不需要自己承担任何投资风险,而且4S店越豪华,制造商从经销商手中可以赚取的4S店建设利润就越多。而经销商为了获得品牌经营权,有苦难言,只好争取把4S店建得更大、更豪华。这种畸形的关系,造就了今日4S店的现状。

（2）设备投资存在巨大的浪费。每个品牌都需要建设4S店,在4S店建设中,除了土地和基建投资外,还有一大块投资是设备投资,如电脑检测设备、烤漆房、大梁矫正仪等,如果经销商不能按照制造商指定的设备要求购置这些设备,品牌经营权肯定是拿不到的。不可否认,这些设备是满足客户要求所必需的,但问题是,像大梁矫正仪等这样的设备不仅价格昂贵,而且利用率特别低,从经营的角度,是否每家经销商都必须购买就值得探讨。特别是在一些大中城市,一个品牌的4S店往往不止一家,如果能够集中建设一家设备完善的中心4S店,而其他4S店以满足日常维护和基本维修为主,也许是一种不错的选择。这样既节省了4S店的投资,解决了大多数4S店维修业务不足的问题,也有利于中心4S店维修技术水平的提高和服务质量的提高。

（3）网络布局盲目扩张,忽视4S店的生存空间。毋庸置疑,4S店越多,分布越密,汽车消费者就可以得到更便利的服务。但是,网络布局必须有度,必须考虑合理的服务半径。在中国这样幅员辽阔、经济发展极为不平衡的国家,不同地区的服务半径更不能统一要求。服务半径的确定,必须是在对当地居民经济状况、消费习惯、消费能力等充分调研的基础上科学制定。服务半径确定的标准应该是在保证满足消费者服务要求的前提下,确保有足够的客户来保证经销商正常的生存空间。只有这样,才能实现制造商、经销商和消费者共赢的局面。否则,经销商客户不足,难以为继,不但消费者得不到应有的服务,而且对汽车品牌也是重大的损失。看看目前渠道价格最混乱的几个品牌,几乎都是由于盲目扩大服务网络造成的。事实上,在北京、深圳等大城市,目前汽车市场的竞争已经不仅仅是不同品牌之间的竞争,更多的是表现在同品牌4S店之间的恶性竞争。

因此,认清现有模式的弊端,改革现有品牌销售和服务模式是非常必要的。例如,不同品牌的汽车专卖店集合在一起形成专卖店集群,那么单个专卖店的缺点就将弱化,专卖店的优势会变得强大。

2. 连锁直销

连锁直销是一种同时设立若干家同一模式的专卖店,以占领某一整体或区域市场的直销形式。在我国,北京亚飞汽车连锁总店是全国第一家特许汽车连锁经营网络。目前,已经在全国150个大中城市设有汽车连锁分店180多家。

3. 热点直销

热点直销是一种在某些汽车消费比较集中的地区和地点,通过举办展销会和订货会等,进行汽车直销的形式。一般来说,可以进行热点直销的地区和地点,都是经济建设的热点地区,如我国西部地区和三峡建设工地等。

4. 拍卖直销

拍卖直销是一种供需见面、价格竞买的直销形式。此种形式过去只用于一般耐用消费品,如家用电器等的竞价直销,而现在则开始成为汽车的分销渠道。

5. 网络直销

所谓网络直销,也称之为"电子商务",所谓电子商务,是指利用计算机网络进行的商务活动,即交易各方以电子交易方式而不是通过当面交换或直接面谈方式进行的任何方式的商业交易行为。它通常有如下模式:

(1)B2B(商家对商家),即企业与企业之间的商务模式,主要进行企业间的产品批发业务,因此也称为批发电子商务。它是将买方、卖方以及服务于他们的中间商(如金融机构)之间的信息交换和交易行为集成到一起的电子运作方式。

(2)B2C(商家对消费者),就是企业与个人之间的商务活动,是指企业通过Internet为消费者提供一个新型的购物环境——网上商店,消费者通过互联网在网上购物。

(3)C2C(个人消费者对个人消费者),即通过电子虚拟市场,消费者之间直接进行交易,一般交易的对象是消费者自己拥有的旧产品或者其他东西(如提供服务)。C2C型交易是通过一些提供网上中介服务的电子商务网站,由买卖双方通过网络达成协议并进行交易。目前,实现C2C型交易的新型电子中间商主要有两种形式:一种是提供一个虚拟开放的网上中介市场,在网上中介市场的消费者可以直接发布买卖信息,由买卖双方消费者自己达成交易,这种电子中间商主要提供一个信息交互平台;另一种是比较成功的新型电子商务模式,就是通过网上拍卖实现交易,交易双方达成的价格通过拍卖竞价确定。

(4)C2B(个人消费者对商家)是指顾客(包括个人消费者、需采购的组织和企业)同企业(指提供产品和服务的企业,即供方企业)的交易。C2B型交易也需要通过一些电子中间商实现交易,达成这种交易的方式有三种:第一种方式是竞价拍买(也称为反向拍卖),是竞价拍卖的反向过程,消费者提出一个价格范围,求购某一商品,由商家出价,出价可以是公开的或隐蔽的,消费者将与出价最低或最接近的商家成交;第二种是集合竞价模式,就是将需求类似的消费者通过网络集结在一起,增加与商家的讨价还价能力;第三种方式是购买方企业通过建立电子虚拟采购市场,吸引供应商在电子虚拟市场按购买方要求提供产品和服务。如美国汽车的三大巨头通用、福特和戴姆勒—克莱斯勒公司建立网上原材料电子虚拟市场,提高在原材料市场的竞争力,加强与供应商的联系。

这是目前国外比较流行的销售方式,在我国正在慢慢兴起。但由于国内汽车市场仍不太成熟,网络销售在我国现阶段只能是一种销售的补充手段,还不是作为直接、完整的销售方式而存在。网络更多的是被当作汽车生产、销售企业的资料发布场所和电子货币支付的方式,真正足不出户的全部网上交易(实现在家门口接车)是极少的,更多的人还是愿意亲自实地考察车辆的外观及内饰,亲身体验其性能和品质。

6. 直销网络

所谓直销网络,与网络直销不同,是一种有形的销售系统,即人们所说的销售网络。这个网络因销售体制而异,并在企业销售公司的领导下,建立销售网络、开设销售店堂、进入汽车超市、实行"四位一体",从而形成一个纲举目张,覆盖天下的销售系统。

(1)确定销售体制。

体制即结构,结构即关系,而销售体制则是企业实现其销售目标的组织形式。1998年,东风公司为了实现当年的产销目标,不但将"营销、质量、改革"定为当年度的三大主题,而且对公司的销售体制进行了重大改革,确立了"两级管理、三个层次、省为基础"的改革方针。"重兵投入第一线,销售工作往下沉"。经过改革,撤销了原有的13个分公司,组建了东北、华北、西北、西南、华东、中南、华南等七个大区和一个襄樊销售分部、一个十堰直销公司,基本形成了"总部—大区—省级经理部"的体制框架。

(2)成立销售公司。

在传统市场营销学里,产品销售仅仅是企业的一个职能部门,既受制于上级主管部门,也受制于同级其他部门。既要照上顾下,也要左顾右盼,当然没有精力,也没有能力去做好产品的销售工作。而现代市场营销学则主张提升产品销售部门的地位,成为只对公司总裁负责的销售公司。1950年,丰田汽车公司在债台高筑、濒临破产之际,终于接受了日本中央银行的建议,将汽车生产与汽车销售分割开来,使销售公司独立运作,自行决定产品的推销方式。销售公司之下,又分设了丰田、小丰田、奥特和花冠等多家经销店。店即分公司,店有营业所,从而形成了一个庞大而缜密的销售网络。

(3)建立销售网络。

"天子居庙堂,诸侯控四方"。丰田汽车公司不但最先成立了"销售公司",而且首创了"推销责任区域制度",并制定了《责任区访问法》。明确划分出每个经销店所属营业所的责任区域和每个推销员所负责的推销地段。在我国,上海汽车工业销售总公司为了建立一个辐射全国、物流畅通的桑塔纳销售网络,1997年,也在北京和济南相继成立了"华北分销中心"和"山东分销中心",分别管辖北京、天津、河南、山东等省市的销售工作。

(4)开设销售店堂。

网络尽头是店堂。就店堂的功能而言,由东风公司创立的"四位一体"模式,即兼具"整车销售、配件供应、售后服务、信息反馈"四大职能的模式,已经成为开设销售店堂的经典模式。必须指出的是,销售店堂不但可以实行"区域专营",而且可以实行"品牌专营"。特别是名牌汽车,品牌专营还可以独树一帜,进一步提高名牌汽车的知名度和美誉度。1997年,一汽大众生产的高级轿车奥迪A6正式面世。这种被美国消费者誉为"最佳家庭乐趣车",并上榜美国《人车志》杂志的"十佳房车",就建立了自己的品牌专营网络。除此以外,一汽集团还创立了"驻点销售"策略,即本着互利互惠的原则,找一个同心同德的合作伙伴,派遣销售人员驻点销售。低成本、低风险、贴近市场、机动灵活,取得了很好的销售业绩。

(5) 招聘推销人员。

"驻点销售"是店堂销售的延伸。由此看来,销售网络的神经末梢并不是店堂而是推销人员。推销人员满天飞,"店堂"随着足迹移。如上海汽车武汉联营公司推出了"推销员制",公开招聘推销人员。经过业务培训、颁发证书、签订协议等程序,共有55人被聘为省内推销员。推销员赵某在与朋友聚会时,听一位客人说单位要买轿车,就主动上前搭话,自我介绍是上海武汉联营公司的销售代表,并出示了推销员证,介绍了公司的经营规模、服务质量和购车指南等,赢得了客人的信任和好感。客人当即与赵某同行去公司洽谈购车事宜,一次就购买了多辆新型轿车。

(6) 进入汽车超市(汽车城、汽车广场)。

汽车直销是从"专卖店"开始的,现在,则出现了众多的"汽车城"。专卖店卖"专",汽车城卖"全",显然,所谓"汽车城",不过是"汽车超市"的别名罢了。汽车超市是近几年来兴起的一种销售模式,和汽车交易市场有很多相似之处,都是场地很大、多品牌经营、车型多而齐全;不同的是,汽车超市的环境、服务等软硬件要大大好于传统的交易市场,地理位置一般坐落于较繁华地段,交通也很方便。有了上述优势,汽车超市近几年发展很快,有红火之势。汽车超市是一种对汽车经销商和消费者双方都极具吸引力的销售方式,有人称其为"永不落幕的汽车展"是有几分道理的。

(二) 间接渠道的分销

间接渠道是一种"供需媒介"的分销模式,即以中间商家为媒介,沟通供需,实现产品所有权的最终转移。按照中间商家在产品所有权转移过程中所具有的不同职能,我们可以把它们划分为经销商和代理商、批发商和零售商以及经纪人等几种类型。其中,经销商是通过从生产厂家那里购买了产品所有权而参与分销的中间商家,并通过自主经营和自负盈亏来获得产品的流通利润;代理商则没有取得产品的所有权,它们只是代表生产厂家参与产品分销,并通过促成交易来赚取生产厂家的佣金;至于经纪人,《中国经济大词典》将其定义为"中间人,即旧时称捐客,处于独立地位,作为买卖双方的媒介,促成交易并赚取佣金的中间人,"他们牵线搭桥、撮合生意、促成交易,并从成功的交易中收取佣金。因此,菲利普·柯特勒在其所著《国际市场营销》一书中指出:"经纪人是提供廉价代理服务的各式中间人的总称",也指出"他们与所代理的客商毫无连续关系可言"。但是,对于企业来说,经纪人则是一种可以借助的分销力量。东风公司为了打击假冒伪劣产品,曾经对密集于销售部门前的"中间人"进行了治理整顿,使暗地里的"皮条客"变成了阳光下的"经纪人",既利用了闲散的分销力量,也规范了汽车的交易市场。

在世界汽车市场上,美国和日本都是通过间接渠道分销汽车的国家。美国的汽车分销采取的是经销制度,日本则是以经销制度为主。美国经销制度的突出特点是以金融机构为依托,因此,其分销体系是由制造商、经销商和金融机构三家共同组成的。经销商承上启下,既向制造商订货,又向消费者分流,而金融公司则向制造商或者经销商提供分期付款和租赁汽车的资金保障。日本经销制度的突出特点是与地方势力共同构筑分销网络。这种经销网络由汽车公司、地区中心、经销总店和地方分店共同组成。其中,地区中心和经销总店均由公司出资设立,而地方分店则由经销总店入股扶持。当经销商可以"断奶"前行之时,汽车公司便以股份转让的形式将资金抽回。显然,无论是美国还是日本,汽车分流的市场风险都是由经销商独自承担的。至于代理商,无论是在国外还是在国内,都是一个不受欢迎的角色。这是因为,代理商虽然是企业的销售对象,却又扮演着销售主体的角色,此双重身份,以及代理商的"不买光卖"等,都是代理制度难以受到企业青睐的主要原因。自己没有风险,企业却有压力,除却关系和权力的因素,愿意充当此"冤大头"者绝无仅有。

一般来说,汽车分销的间接渠道主要有经销和代理、批发和零售四种类型。

1. 经销和代理

(1) 经销模式。

经销是一种"先买后卖"的分销模式。汽车的经销商在本质上都是企业的重要顾客,因此,所有适用于重要顾客的分销策略也同样适用于他们。但是,我们必须看到,这种"先买后卖"的模式,对于经销商来说,无异于挡路之石。显然,采用经销模式,必须找到一条既无须现钱交易,又能够化解代理风险的道路。其中,建立工商联盟、实行特许经销等,都是比较成功的经销策略。

既然汽车经销可以与现钱交易分割开来,对于那些经营能力较强、商业信誉较好的经销商,自然可以网开一面,采取"特许经销"的分销模式。在西方发达国家,"特许经销商制"是许多著名汽车生产厂家普遍采用的经销模式。在我国,上海汽车工业销售总公司,也已经制定了特许经销商标准,并建立了特许经销商体系。

(2) 代理模式。

代理是一种"不买光卖"的分销模式。1888年秋天,法国商人埃米尔·罗杰在巴黎达姆大街52号,开设了世界上第一家汽车销售代理店,而他本人则成了德国奔驰汽车公司在海外第一位代理商。其先是独霸了德国奔驰在法国的销售市场,后来又取得了在法国制造奔驰汽车的许可证。对于德国奔驰汽车公司来说,则以埃米尔·罗杰为跳板,占领了法国乃至欧洲的汽车市场,并从此出发,风驰电掣般地走向了世界。他的英名和事迹后来均被英国学者伯特里京·罗伯逊收入《世界最初事典》一书中。就此而言,我们认为,代理商没有经营风险,却又分割流通利润,看似没有存在的价值,其实,代理商既是企业通向市场的桥梁,也是企业立于市场的旗帜。一般来说,代理模式又可分为厂家代理和商家代理、直接代理和间接代理、独家代理和多家代理、缔约代理和媒介代理、佣金代理和买断代理、寄售代理和拍卖代理等多种形式。

"汽车销售代理制"得以成立的前提是"销售代理佣金制"。这是国际上较为流行的汽车分销方式之一。汽车销售代理以厂家确定的价格销售汽车,生产厂家则按双方商定的比率返还给代理商作为佣金。我国汽车市场进入买方市场后,各大汽车生产厂家都先后试行了"汽车销售代理佣金制"。确定原则、制定细则,使"汽车销售代理佣金制"走上科学化的道路。1997年第一季度,一汽大众曾经将捷达轿车的代理佣金分解为代理销售量、代理费用量以及信息反馈、形象管理等四个方面的指标。其中,前三个指标按月考评,按季兑现,第四个指标则按月考评,年终兑现。天汽集团的指标也是四项:一是实行全国统一价格;二是建立区域协调组织;三是返还佣金的50%;四是根据汽车销量和回款状况进行奖惩。当然,这两家的实施细则并非如此粗放,而是环环紧扣,非常缜密的。总之,通过确定原则、制定细则,既避免了因竞价销售、低价竞争所引发的价格大战,也促进了"汽车销售代理制"和"销售代理佣金制"的科学化。

1928年,"小荷才露尖尖角"的美国克莱斯勒公司,却以1700万美元股票的代价接管了道奇兄弟公司。业内人士为之震惊,并称这一举措是"小鱼吞大鲸"。其实,小鱼吞大鲸,只为借船行。克莱斯勒公司所看重的不是其他,而是道奇兄弟公司所拥有的代理商网络。借船出海走天下,为克莱斯勒跻身于美国汽车行业"三巨头"奠定了基础。再如,1998年2月27日,神龙汽车公司与香港索菲纳公司签署了代理出口富康轿车的协议。神龙公司之所以选择索菲纳公司作为合作伙伴,不但是因为该公司在神龙公司的组建和建设中发挥过重要的桥梁作用,更重要的是因为,索菲纳公司董事长黄松先生,曾经长期致力于东南亚的市场开发,与东南亚各国均有良好的经贸交往,代理出口富康轿车,自然也就轻车熟路。同时,东南亚是华人最为集中的地区,也是中华民族的传统市场,选择华人作为代理,更是具有"天时、地利、人和"之便。

2. 批发和零售

(1)批发模式。

批发是一种批量购进、批量售出的产品分销形式。一般来说,批发商与生产厂家联系紧密,并通过规模效应来达到"多中取利"的结果。从理论上讲,批发是产品商品化的起点,也是产品所有权转移的中间环节。批发商上联生产厂家,下联零售商家,无疑是连接产销的枢纽,沟通供需的桥梁。对于促进企业产品销售、运输、仓储以及承担企业的经营风险、融通企业的经营资金、沟通企业的内外信息等起着十分重要的作用。一般来说,产品批发主要包括设立自销批发机构、进入相应批发市场、实行工商批发联盟、实行自运现货批发、实行产品承包批发和实行产品多级批发六种类型。

(2)零售模式。

零售是一种批量购进、零星售出的产品分销形式。一般来说,零售商与最终用户联系紧密,并通过方便购买来达到"积少成多"的结果。从理论上讲,零售是产品商品化的终点,也是产品所有权转移的最后一站。零售商的销售状况如何,不但直接影响着它本身的经济效益,而且间接地影响着产品生产和社会发展。因此,有人说:"不是生产,也不是批发,而是零售在推动着历史车轮的转动。"就汽车分销而言,无论是经销、代理还是批发,最终都必须通过零售到达消费者那里。一般来说,产品零售主要包括店堂零售和非店堂零售两大类型。

汽车分销是从直接分销的零售开始的,随着生产规模的扩大,间接分销的批发才应运而生。随着科学技术的发展,直接分销的零售又开始兴起。且不说"虚拟市场"和"虚拟商场",就是传统意义上的零售也日益受到汽车生产厂家的青睐。1999年,推出别克轿车的上海通用汽车就树起了"直接面对用户零售"的大旗,即不设批发代理,建立零售网络,以求在生产厂家与零售商家之间建立一种稳定、和谐、互动、互利的合作关系。振臂一呼,和者云集,愿意建立合作关系者有 1000 多家。经过层层筛选,已经挑选零售商 14 家,售后服务中心 27 个。直销而零售,亲手挽用户,上海通用公司的分销策略如惊蛰初起,让人耳目一新。

二、汽车产品中间商的类型与特征

中间商是指居于生产者与用户之间,参与商品交易业务,促使交易实现的具有法人资格的经济组织和个人。中间商是分销渠道的主体,企业产品绝大部分是通过中间商转卖给用户的。

在实际分销活动中,中间商的类型是多种多样的。总体上可以分为两大类,即批发商(Wholesaler)和零售商(Retailer)。批发商是从事以进一步转卖或加工生产为目的、整批买卖货物或劳务的经济活动者,其包括的主要类型有商人批发商、经纪人和代理商、制造商销售办事处。零售商是从事将货物或劳务授予最终消费者或用户的经济活动者,主要包括商店零售和无门市零售两大类型,各自又包括很多的具体类型。

多数批发和零售业形式是不适合汽车销售的。就汽车整车分销而言,常见的中间商形式有以下几种。

1. 经销商

经销商是指从事货物交易,取得商品所有权的中间商。它属于"买断经营"性质,具体形式可能是批发商,也可能是零售商。经销商最明显的特征是将商品买进以后再卖出,由于其拥有商品所有权,经销商往往制定自己的营销策略,以期获得更大的效益。

汽车经销商的一般条件有:属于合法注册的企业法人,注册资金不低于一定数额(具体要求与其经营的汽车品种有关),具有拟分销的车型的经营资格,有固定的和属于自己的经营场所,有一定的自由流动资金,在当地有较好的银行资信和一定的融资能力。

2. 特约经销商

属于特许经营的一种形式,是通过契约建立的一种组织,一般只从事零售业务。特约经销商具有生产企业的某种(类)产品的特许专卖权。在一定时期和在指定市场区域内销售生产企业的产品,并且只能销售生产企业的产品,不能销售其他企业的相同或相近产品。

特约双方每一年度商定大致的销售量(一般签订年度销售合同作为考核目标),生产企业按特约经销商的要求分批发货(如按月订单发货),明确规定产品的出厂价。特约经销商用出厂价实行买断经营,按生产企业规定的市场限价(或价格波动幅度)售出产品,并承担市场风险(生产企业宣布产品降价除外,此时生产企业将对特约经销商手中尚未售出的降价产品,给予降价补贴)。

汽车产品特约经销商的条件有:除一般经销商的条件外,还应建立品牌专营机构,有符合要求的专用展厅和服务、管理设施,有专职的销售、服务人员,有较强的资金实力和融资能力,有良好的信用等级。

此外,特约经销商并不自动获得生产企业的有关知识产权,如以生产企业的商号或产品品牌为自己的公司命名,或者用生产企业的商标宣传自己。特约经销商要获得这些知识产权的使用权,必须征得生产企业的同意,并签订使用许可合同。

当生产企业在一定的市场区域内只选择一个特约经销商时,构成"独家分销"(中间商要履行更多的义务)。

3. 销售代理商

销售代理商属于佣金代理形式,是指受生产企业委托,在一定时期和在指定市场区域及授权业务范围内,以委托人的名义从事经营活动、但未取得商品所有权的中间商。代理商最明显的特征是,寻找客户,按照生产企业规定的价格向用户推销产品,促成交易,以及代办交易前后的有关手续,若交易成功,便可以从委托人那里获得事先约定的佣金或手续费;若商品没有销售出去,也不承担风险。销售代理商一般是"品牌专营"的企业法人。

汽车企业对销售代理商条件的要求,一般高于特约经销商。销售代理商在理论上虽然不用买断产品,对资金的要求低,但实际上它需要投入较大的资金。按生产厂家的规范标准,去建设专卖店和展厅,他还应具有很强的销售能力,有更高的信用和较强的融资能力,这些都需要经济实力做后盾。销售代理商一般为区域独家分销商。

4. 总代理

总代理是指负责生产企业的全部产品所有销售业务的代理商,多见于实行产销分离体制的企业集团。总代理商一般与生产企业同属一个企业集团,各自分别履行销售和生产两大职能。除了为生产企业代理销售业务外,还为生产企业开展其他商务活动。

综上所述,批发商与零售商是相对应的概念,而经销商与代理商是相对应的概念。经销商赚取商品的购销差价,代理商赚取的是佣金。

三 分销渠道设计、组织与管理

总的来讲,分销渠道设计要围绕营销目标进行,要有利于企业的产品不断提高市场占有率、地区覆盖率和各地用户满足率(当地供应资源与市场需求量的比率),要有利于企业抵御市场风险。在此基础上形成能够充分履行渠道功能,长期稳固而又能适应市场变化的渠道,将不断地为企业开辟稳定的用户群或区域市场。

(一)影响分销渠道设计的因素

企业在进行分销渠道设计前必须首先分析分销渠道的设计,预测其将会受到哪些因素的影响。影响汽车产品分销渠道设计的因素有:

1. 企业特性

各生产企业在生产规模、企业声誉、财务能力、产品组合、渠道经验等方面存在差异,因而其分销渠道就应存在差别。如相对小型企业而言,大型企业宜在市场上适当的地方,设立一些营销子公司,而不是办事处。企业特性不一,对中间商具有不同的吸引力和凝聚力,影响到企业对中间商的类型和数量的决策,如大型企业较容易得到各地有实力的中间商的加盟。

2. 产品特性

产品的产量、销量、价值、需求、产品结构、储运及技术服务等方面的具体特点不同,要求渠道的形式、中间商类型不同。因而分销渠道的设计应在兼顾辅助产品和未来发展产品需要的基础上,围绕主导产品的特点去组建,以利于企业主导产品的分销。如主导产品的用途是特别专业化的,企业可能不需要中间商,而直接采用人员推销销售方式。

3. 市场特性

产品销售的地理范围、购买者类型以及市场竞争特点的差异,也影响着渠道设计。例如,市场集中就适合组建短渠道;市场需求分布较广,就要采取宽渠道;市场竞争激烈,宜采取封闭渠道成员的措施等。要研究竞争对手的渠道特点,分析本企业的分销渠道是否比竞争者更具活力。

4. 营销目标特性

各企业的目标市场,决定了其分销渠道的具体特点。一般而言,企业应重视自己传统市场区域的分销渠道的建设与管理,这是保证企业市场稳定的有效途径。同时,企业对拟开发的新兴目标市场,也应选择合适的分销商,以起到事半功倍的作用。

5. 中间商特性

中间商的经济实力、资信等级、销售能力、服务能力、展示条件、存储设施及其交通方便性都将影响到他的功能和作用,这是发展分销渠道须重点考察考评的。

6. 环境特性

各地方的政策特性,是欢迎还是排斥企业在当地设立分销商,是否还有其他重要的环境因素需要考虑,这些都是企业必须认真研究的。

企业在分析以上因素的影响后,就可以开展分销渠道的设计了。

(二)分销渠道设计的内容

有利的市场加上有利的渠道,才可以使企业获利。所以有效的渠道设计,应以确定企业所要达到的目标市场为起点,研究产品到达市场的最佳途径。分销渠道设计包括渠道类型(长度和宽度)设计、渠道布局规划、中间商的类型与数量确定等。

1. 分销渠道类型设计

(1)确定渠道长度。企业进行分销渠道设计,首先要在分析影响因素的特点后,决策是否要设立分销商,是企业派推销人员上门推销或采取其他形式自销,还是要通过中间商分销。如果决定利用中间商分销,还要进一步决定渠道的长度,即渠道的层次。一般地,专一用途的专用车和特种车、为主机生产配套的零部件、为改装生产提供底盘等汽车产品或半成品,因其生产厂商集中,市场用户也很集中,可以采取直接渠道销售。另有一些特殊用户(如政府采购、军需、工程招标等)也可以采取直接渠道。

大多数汽车产品由于生产批量相对较大,汽车生产在时间或地理上比较集中,但使用分散,市场区域分布广阔,不宜采用直接渠道,而要采取间接渠道。汽车产品由于相对价值较大、货款回收要求较高,对储运技术、储运条件要求较高,对服务能力、服务培训的要求较高,所以汽车产品的分销渠道不宜过长,国内外广泛采取了包括 1~2 个层次的分销渠道。"短"的分销渠道,对汽车企业培训、指导、监督和管理经销商也是有利的。总之,短渠道可以更好地保障汽车用户的利益。

(2)确定中间商数目,即决定渠道的宽窄。通常有以下三种策略可供选择:

①开放型策略(密集分销),指的是只要企业信得过,不管是哪一种类型的中间商,也不限制其数量,都可以经营本企业的产品。这种策略较适应买方市场,而且费用也较少。但其

缺陷是渠道多而混乱(形成分销渠道"长而宽"的渠道特征),企业对整体渠道系统难以控制,难以同较有实力的中间商形成长期的合作关系。目前,在我国汽车市场上,这种渠道策略基本失去了存在的基础,故此策略已趋淘汰。

②封闭性策略(独家分销),这种策略也叫独家分销或排他性渠道策略,如特约经销商、销售代理、独家分销等中间商形式。它要求中间商只在规定的市场区域内销售生产企业的产品,不能销售其他厂家尤其竞争对手的产品。

从生产企业来讲,这种策略的好处是:由于只能分销一个企业的产品,中间商必然成为企业的有力支持者,尽力履行其职能;企业可以更好地管理分销渠道,限制渠道系统内的"无政府"行为;企业直接同最终中间商打交道,有利于降低营销费用,也便于建立产品的中转分流站;容易保证渠道系统的信息畅通,便于企业及时掌握市场行情。但其缺点是:企业对中间商依赖性较大,如果中间商工作不力,企业容易失去一部分市场;如果区域划分不合理或划分太大,容易出现市场盲点;企业必须要有足够多的品种、规格和数量的产品,维持中间商的业务量。

对中间商而言,这种策略的好处是:有生产企业(特别是知名企业)做坚强后盾,可以迅速提高自己的市场影响力;容易得到生产企业的有力支持,如广告宣传等。其缺点是中间商失去了独立性,生产企业一旦弃己投他时,则会陷入不利局面。

就汽车产品而言,这种渠道策略已在欧美等地区得到了广泛应用,在我国还处于发展之中。

③选择性策略(选择分销),指在每个地区选择一定数量的经销商分销企业的产品。经销商被允许经营其他企业的产品。这一策略的优点是,企业可以选择经营规模大、资金雄厚、经营效率高、容易协作的中间商作为渠道成员。按照这一策略,企业应考察中间商的经营规模、支付能力、管理水平、服务能力、用户声誉、当地影响力等,选择其中的优秀者作为企业的分销渠道成员。这种渠道策略自20世纪90年代以来,在我国的汽车分销实践中变得越来越普及。

由于每种渠道策略包括的中间商类型已经基本确定,汽车企业一经选定某种策略,他与中间商的权利和责任,事实上已经基本确定了。此外,由于汽车产品分销的"短"特征,为了保持足够的市场覆盖率,分销渠道就必须要保持足够的宽度,从而形成汽车产品分销"短而宽"的渠道特征。但其数量发展要受到分销渠道布局规划的制约。

2. 分销渠道的布局规划

分销渠道设计的另一重要内容就是规划布局。制定布局规划的基本过程是:汽车企业根据其战略规划、市场营销计划、目标市场特性(需求规模、企业份额、占企业销售的比例)等,将自己的产品销售规划大体按目标市场进行分解,得到各个市场地区的大致销售规模。再根据中间商的平均销售能力,测算各个地区大体需要的中间商数目,得到初始布局。基于这个布局,再分析各个区域市场的具体市场特点、竞争特点、中间商的类型搭配等因素的影响,确定正式的布局规划,并经企业的营销主管领导审批后执行。

布局规划要保持一定的柔性,应根据企业事业发展的需要、市场需求的增长、各地市场相对份额的变化以及企业对中间商类型的调整,做好布局规划的适时修订。

企业确定了中间商的类型及布局规划后,要及时对这些方案进行评估、完善。

(三)分销渠道方案的评估

每一个渠道都是企业产品送达最终用户的一条路线,其作用都是重要的。评估主要从三个方面来进行:一是渠道的经济效益;二是企业对渠道的控制能力;三是渠道对市场的适应性。

(1)渠道经济效益的评估。这是最重要的评估,因为企业是追求利润,而不是追求对渠道的控制或渠道的适应性。经济效益的评估主要是考虑每一条渠道的销售额、成本和利润的关系。企业既要考虑每个渠道的销售量,又要比较各条渠道的成本。一般说来,利用中间商的成本比企业自销要小。但当销售额超过一定水平时,利用中间商的成本则愈来愈高,因为中间商通常要获取较大固定比例的价格折扣,但企业不能只计算这些看得见的直接效益,中间商为企业节约的间接成本必须加以考虑,例如中间商在当地市场的影响力,其较强的销售实力等,都可以为企业节约很多诸如仓储费、信用往来费用、广告费、谈判交易费等营销费用。总之,企业应围绕能够获得持久的经济效益这个中心去评估每条渠道。

(2)渠道控制力的评估。中间商是独立的商业组织,他必须关心自己的经济效益,而不是生产企业的利益。中间商总是对那些能获得持久利润的产品感兴趣,不愿或干脆拒绝销售那些生产企业希望重点推销而却没有利润的产品,只访问他认为对推销有利的顾客,而忽视对生产企业很重要的顾客,无心研究产品的技术资料和促销资料,不能按生产企业的要求收集和反馈信息等,这些现象表明企业对渠道的控制力较低。通常,企业会制定一些奖惩条例和年终考评的办法去控制中间商,对按企业要求做得好的中间商进行奖励,对做得差的进行惩罚,直至取消其中间商资格。这些办法固然必需,但企业还可以研究更好的办法。例如,企业不是直接给予10%的返利,而是可以这样支付:完成目标销售任务,返利5%;用户满意,返利3%;信息反馈做得好,返利2%。这样就可以将中间商以前认为是义务服务的工作,转化为是为自己带来效益的工作,中间商的工作积极性得以提高,生产企业对中间商的控制弹性和控制手段也得到加强。

(3)渠道适应性的评估。虽然保持渠道的持续稳定,使之具有连续性,培育中间商的忠诚度,是企业所需要的。但企业的分销渠道也要与企业的营销业务发展或者经营环境的变化相适应,即分销渠道要保持一定的柔性,以便能够适时地增加、减少或撤换中间商,这主要是要求企业与中间商在签订长期合约时要慎重从事。因为在合约期间,企业不能随时调整渠道成员,这会使企业的渠道失去灵活性和适应性。所以涉及长期承诺的渠道方案,只有在经济效益和控制力方面都十分优越的条件下,才可以考虑。企业可以从实力雄厚、销售能力强大、同企业本身业务关系历史较长、双方已经建立信任感的中间商中,选择一部分签订较长期的合约。如果中间商对本企业产品的销售业绩较差,企业不仅不可与之签订长期合约,而且应保留撤换的权利。

(四)分销渠道的组织

分销渠道的组织是对分销渠道方案的落实。企业在招募中间商时,可能会遇到两种情况,一是申请要求加盟的中间商很多,二是申请要求加盟的中间商很少。前者可能是由于企业的实力强,社会声望高,或者是企业给予的独家分销或选择分销的特权的吸引力较强;后一种情况则反之。但无论如何,"获得经济利益"是中间商加盟的"硬道理",所以企业无论大小,只要产品好销,能够获利,企业就能找到合适的中间商。

1. 分销渠道的组织方式

采取不同的组织方式,将会建立性质不同的中间商,并决定了企业与中间商今后的关系。分销渠道的组织方式有三种:

(1)企业在目标市场设立自己的销售网点(子公司、分公司或销售点)。这种网点是企业的直接渠道成员,企业对它的可控性最高,但如果企业同时还有中间商形式,企业设立这种自销网点,常常会招致所有经销商的攻击、抵制,影响经销商的积极性。所以,除非企业全部采用自销方案(直接渠道),否则这种性质的网点不宜多设。

(2)企业与各地的中间商共同组建分销机构(合资公司、股份公司或合作公司)。这是按现代企业制度建立的具有独立法人资格、自主经营、自负盈亏的流通企业。企业对这种公司的控制权依其股份的多少而异。通常情况下,企业采取以知识产权、经营特权、销售返利等形式出资,也有的企业以投资或现金形式出资。

(3)企业在社会中间商中招募经销商、特约经销商或销售代理商。企业对这种中间商没有资产关系,只是业务合作关系。相对以上两种方式,企业对此类中间商的控制力小一些。但此类中间商,是大部分企业产品分销的主要形式,它是企业依据一定程序选建的。

2. 中间商的选建程序

企业经销商、特约经销商或销售代理商的发展,必须依据一定程序,做到科学选建。以某品牌轿车经销商选建程序为例,包括这样几个步骤:

(1)有意加盟的中间商,向所在地区的汽车厂家设立的营销管理机构("分销中心""大区""子公司"等区域管理机构),提交正式的书面申请,并附有关资质材料,如营业执照及法人代码、经营资格证明、资信证明、近期的财务决算书、当地市场基本数据或市场调查书、营业场所标定图及公司内外图纸或照片等。

(2)区域管理机构初步考察、评估。

(3)企业营销总部审查,主要审查其资质、销售能力以及是否符合企业的分销渠道布局规划。通过后,通知申请人按相应的经销商等级的建设规范,进行硬件和形象建设。

(4)申请人按建设规范施工完毕后,申请复审。复审通过,则审批、签约,纳入企业销售网点管理序列。

(五)分销渠道的管理

分销渠道的管理主要包括对各类中间商的培训、激励、考核、调整和协调等内容。

1. 培训与激励

企业需要仔细地制定渠道成员的培训计划,并认真执行,特别是产品技术含量较高的企业,尤其如此。培训的对象包括中间商负责人、中高级管理人员,属于高级层次的培训;中间商各种业务的骨干人员,属于业务层次的培训。高级培训的培训内容,包括战略培训、企业对中间商管理规范的培训等。业务培训的内容,涉及会计与财务业务、销售和服务管理业务、信息管理业务、配件业务、新型拓展业务及产品关键技术等。

培训有利于提高中间商的经营能力,本身也属于给予中间商激励的一种方式。除此以外,企业还应同中间商加强沟通,消除彼此之间的矛盾,减少相互抱怨。由于中间商是独立实体,在处理同生产商、顾客的关系时,往往偏向于自己和顾客一方,首先认为自己是顾客的采购代表,讨价还价,其次才考虑生产商的期望。因此欲使中间商的分销工作达到最佳状态,生产商应该用看待最终用户的方式,来看待中间商,应对其进行持续不断的激励。激励的方式很多,且在不断创新。

2. 考核与调整

对中间商的工作绩效要定期考核,如对销售定额完成情况、平均存货水平、送货时间、对残次品的处理情况、促销和培训计划的合作情况、货款返回状况、对顾客提供的服务水平和顾客的满意度、经营设施的投资水平及改进情况、执行生产企业营销政策的情况等,都是经常性考核的项目内容。这些考核一般以年度为周期进行,考核的结果将是企业对中间商进行计酬、奖励、惩处,乃至调整或取消某些渠道成员的依据。

当然,除中间商工作不力需要调整、淘汰外,还有一些原因也会引起渠道调整。例如,市场环境的变化、消费者购买方式的变化、市场扩大或缩小、出现新的分销方式等。另外,现有渠道结构通常不可能总是在既定的成本下带来最高效的服务,随着渠道成本的变化,有必要向理想的渠道进行结构性升级。生产企业调整分销渠道,主要有三种方式:增减某一渠道成员、增减某一分销渠道、调整改进整个渠道。

3. 协调与管理

渠道成员间经常出现冲突,需要加以协调,渠道冲突主要有三种类型:

(1)垂直渠道冲突。即同一条渠道中不同层次之间的冲突。如生产商与代理商之间,批发商与零售商之间,可能在购销服务、价格和促销策略等方面发生矛盾和冲突。

(2)水平渠道冲突。即不同渠道内同一层次渠道成员之间的冲突。如经销商之间的区域市场冲突。

(3)多渠道冲突。即两条以上的渠道向同一市场出售产品引起的冲突。

导致上述渠道冲突的原因,一是渠道成员之间的目标不同,如生产商希望以低价政策获得市场的高速成长,而零售商则希望获取短期高利润;二是没有明确的授权,如销售区域的划分、权限和责任界线不明确等;三是各自的预期不同,如对经济形势的看法,生产厂商看好,希望经销商经营高档产品,但经销商看淡;四是中间商对生产商过分依赖,如经销商的经营状况往往取决于生产厂商的产品设计和定价政策,由此会产生一系列冲突。

渠道冲突有些是结构性的,需要通过调整渠道的方法解决;有些则是功能性的,可以通过管理手段来加以控制,主要措施有:

(1)渠道成员间加强合作。渠道成员间应确立和强化共同目标,如市场份额、高品质、用户满意度等目标,特别是在受到外界竞争威胁时,渠道成员会更深体会到实现这些共同目标的重要性;渠道成员之间应努力理解对方,多从对方的角度考虑问题;一个成员还须努力赢得另外成员的支持,包括邀请对方参加咨询会议、董事会及根据对方意见合理修订本方政策等,以减少冲突。

(2)发挥民间组织的作用。加强渠道成员之间的业务沟通。如通过行业协会,互相交换意见,促进各方做好工作。

(3)通过政府有关部门解决。当冲突经常发生,或冲突激烈时,有关各方可以采取谈判、调解和仲裁办法,根据政府机构相关程序解决冲突,以保证继续合作,避免冲突升级。

第三节 汽车与配件的促销策略

促销策略是市场营销组合的基本策略之一。现代促销,是企业通过应用各种沟通手段和促销方式,向消费者传递商品包括商品服务与企业信息,实现双向沟通,使消费者对企业及其商品(服务)产生兴趣、好感与信任,激发他们的购买欲望和购买行为,进而做出购买决策以达到扩大销售的目的。因此,促销的实质是传播和沟通信息。促销的本质作用则是通过买卖双方的信息沟通,企业取得消费者的信任,诱导消费者的需求,促进购买与消费。促销作为一项系统工程,由信息沟通机制、形象塑造机制和需求诱导机制有机构成,这三种机制的正常运转及其相互有机结合,将会实现促销系统的最佳整体运动状态,从而实现促进销售的根本目标。

一 促销的基本策略

根据促销手段的出发点与作用的不同,可分为两种促销策略:

1. 推式策略

即以直接方式,运用人员推销手段,把产品推向销售渠道,其作用过程为,企业的推销员把产品或劳务推荐给批发商,再由批发商推荐给零售商,最后由零售商推荐给最终消费者。

推式策略适用于以下几种情况:

(1)企业经营规模小,或无足够资金用以执行完善的广告计划。

(2)市场较集中,分销渠道短,销售队伍大。

(3)产品具有很高的单位价值,如特殊品、选购品等。

(4)产品的使用、维修、维护方法需要进行示范。

2. 拉式策略

采取间接方式,通过广告和公共宣传等措施吸引最终消费者,使消费者对企业的产品或劳务产生兴趣,从而引起需求,主动去购买商品。其作用路线为,企业将消费者引向零售商,将零售商引向批发商,将批发商引向生产企业。

拉式策略适用于以下几种情况:

(1)市场广大,产品多属便利品。

(2)商品信息必须以最快速度告知广大消费者。

(3)对产品的初始需求已呈现出有利的趋势,市场需求日渐上升。

(4)产品具有独特性能,与其他产品的区别显而易见。

(5)能引起消费者某种特殊情感的产品。

(6)有充分资金用于广告。

二 促销的作用

威廉·斯坦顿研究认为:在不完全竞争的条件下,"一个公司利用促销来帮助区别其产品、说服其购买者,并把更多的信息引入购买决策过程。用经济学术语来说,促销的基本目的是改变一个公司产品的需求(收入)曲线的形状。通过运用促销,一个公司有希望在任何一定价格的条件下,增加某种产品的销售量。它还希望促销会影响产品的需求弹性。其目的在于:当价格提高时使需求无弹性,当价格降低时使需求有弹性。换言之,企业管理当局希望:当价格上升时,需求数量下降很少,而当价格下降时,销售却大大增加。"一个好的促销策略,往往能起到多方面作用,如提供信息情况,及时引导采购;激发购买欲望,扩大产品需求;突出产品特点,建立产品形象;维持市场份额,巩固市场地位等。

三 促销的主要方式

促销的主要方式有:人员推销、广告、营业推广和公共关系4种。

(1)人员推销。即企业通过派出推销人员与一个或几个以上的可能购买者交谈,介绍和宣传产品,以扩大产品销售的一系列活动。

(2)广告。广告是通过报纸、杂志、广播、电视、广告牌等传播媒体向目标顾客传递信息。采用广告宣传可以使广大客户对企业的产品、商标、服务等加强认识,并产生好感。其特点是可以更为广泛(如推销员到达不了的地方)地宣传企业及其商品,传递信息。

(3)营业推广。营业推广是由一系列短期诱导性、强刺激性的战术促销方式组成。它一般作为人员推销和广告的补充方式,刺激性很强,吸引力很大。具体手段包括赠送免费样品、赠券、折扣等。

(4)公共关系。为了使公众理解企业的经营活动符合公众利益,并有计划地加强与公众的联系,建立和谐关系,树立企业信誉的一系列活动即属于公共关系。各促销方式主要特点见表4-1。

促销方式主要特点比较　　　　　表4-1

促销手段	优　点	缺　点
人员促销	方法灵活,利用面谈,容易激发兴趣,促进及时成交	费用大,人才难觅
广告	触及面广,易引起注意,多次运用可将信息艺术化,加深印象	说服力较小,难以促进即时购买行为
营业推广	吸引力较大,能改善顾客的购买习惯	可能引起顾客的顾虑
公共关系	影响面广,容易取得消费者信任	见效较慢

四 促销组合

促销组合就是指企业根据促销的需要,对广告、人员推销等各种促销方式进行的适当选择和综合编配。现代企业运用其促销组合来接触中间商、消费者及各种公众;中间商也可运用一套组合来接触消费者及各种公众;消费者彼此之间、消费者与其他公众之间则进行口头传播;同时,各群体也对其他群体进行沟通反馈。

(一)人员促销的步骤

人员促销步骤如图4-1所示。

(1)寻找顾客。这是推销工作的开始。
(2)事前准备。推销人员要掌握好产品信息、顾客信息及竞争者的信息。
(3)接近顾客。登门造访,与潜在顾客进行面对面交谈。
(4)产品介绍。介绍产品时,要注意倾听顾客的发音,通过对顾客意图的判断有技巧的进行产品说明。

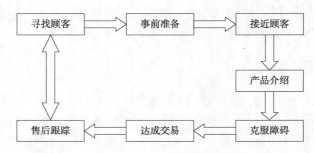

图 4-1 人员促销步骤

(5)克服障碍。随时应变,以应付不同意见。
(6)达成交易。这是一个比较困难的阶段,对推销人员有比较高的要求。
(7)售后跟踪。这是保证顾客满意并重复购买的重要阶段。

(二)广告促销策略的种类

广告促销策略的形式有很多种,基本上包括馈赠、文娱、中奖、公益等促销手段的运用。

1. 馈赠性广告促销策略

它是指企业通过发布带有馈赠行为的广告以促进产品销售的广告策略。这种促销策略可采用赠券、奖金、免费样品、折扣券、减价销售等形式。这种奖励性的广告形式很多。例如,报刊广告赠券是颇为流行的一种,即在广告的一角设有回条,读者剪下来可凭此回条到指定的商店购买优惠价格的产品或获得馈赠的小件物品。食品、饮料、日用品的报刊广告运用此策略较多,但应注意,广告中承诺的赠品应标明赠品的品种与数量,不应含糊其词,更不能欺骗消费者。

馈赠性广告促销策略的类型大致可分为赠券广告、赠品广告、免费试用广告等。

(1)赠券广告。利用报纸杂志向顾客赠送购物券。报刊登载商店赠券,赠券周围印有虚线,读者沿虚线将赠券剪下即可持券到商店购物。赠券一般优惠供应商品。

(2)赠品广告。将富有创新意识与促销商品相关的广告小礼品,选择时机在较大范围内,赠送给消费者,从而引起轰动效应,促进商品销售。

(3)免费试用广告。将商品免费提供给消费者,一般让消费者在公众场合试用,以促进商品宣传。

2. 文娱性广告促销策略

文娱性广告促销策略是指运用文娱形式发布广告以促进产品销售的广告策略。企业出资赞助文娱节目表演,使广告不再是一种简单的、直观的、赤裸裸的硬性产品宣传,而是演变成为一种为人所喜闻乐见、多姿多彩的"广告文化"。并且,还可以通过定期举办文娱活动的同时发布简明扼要的产品广告。此外,还可以通过定期的文娱竞赛节目,诸如猜谜语比赛、技术操作比赛、问答比赛等,给得胜者以奖励。

文娱广告有以下特点:

(1) 以伴随文娱性活动发布广告为手段;

(2) 减少广告的商业味,增加广告的知识性与趣味性;

(3) 使消费者在享受娱乐中了解产品信息,并使企业形象得以增强。

如果要评选汽车与电影的最佳组合,影片《变形金刚》绝对是最有力的竞争者之一,在这部高科技的好莱坞经典大片中,汽车不仅取代演员成为影片的主角,雪佛兰大黄蜂更是以自己精彩绝伦的表演方式,完成了雪佛兰品牌的一次完美回归。在它之前,是曾经辉煌无比的美国汽车工业的集体沦陷;但在它之后,所有车迷都将铭记擎天柱、大黄蜂、铁皮、爵士这些经典的名字,以及经典背后正在复兴的美国汽车工业,如图 4-2 所示。

图 4-2　雪佛兰大黄蜂

3. 中奖性广告促销策略

这是一种以抽奖中奖形式的广告促销手段。这种方法在国外十分流行,对推动销售有一定效果。但此法也为某些经营作风不正的企业提供可乘之机,如以劣充优、混迹提价、克扣分量,甚至哄骗群众,从中牟取暴利。

在运用此广告策略时,必须注意社会效果与合法性,在我国抽奖式有奖活动销售,奖品价值不能超过 5000 元,否则会被视为违反公平竞争原则。

中奖性广告促销策略具有以下特点:

(1) 以丰厚的精品或奖金为手段;

(2) 以"彩票效应"为依据;

(3) 可以促使顾客注意广告内容;

(4) 可以刺激顾客为中奖而购买的冲动性购买动机。

4. 公益性广告促销策略

公益性广告促销策略是指企业通过关心社会公益活动进行广告促销的策略。公益广告是一种非盈利性广告。它把广告活动与公益活动结合起来,诱导人们关注社会,关心公众福利,具有正确的导向价值,因此深受消费者的欢迎。公益广告的形式很多,如企业可以捐款捐物赞助公益事业,并发布广告扩大影响,如对老弱病残者、孤儿、受灾民众、办学等赞助;还可以对社会有较大影响的活动,如展销会开幕、工程落成、企业开张等祝贺;企业可以依据商品销售需要,举办诸如烹调技术、服装裁剪、卫生用品常识等免费专题讲座,实质上也起广告作用。

公益性广告促销策略具有以下特点:

(1) 有利于树立企业的知名度和信任度;

(2) 以办好事、争民心、赢取广大群众好感为目标;

(3)以关系、赞助公益活动为发布广告的手段。

(三)营业推广

营业推广是一种适宜于短期推销的促销方法,是企业为鼓励购买、销售商品和劳务而采取的除广告、公关和人员推销之外的所有企业营销活动的总称。

营业推广起到消费示范的作用,引导消费者试用或直接购买新产品,刺激现有产品销量的增加或减少库存,配合与增强广告与人员推销等。

1. 对最终用户营业推广的形式

(1)服务促销。

通过周到的服务,使客户得到实惠,在相互信任的基础上开展交易。其主要形式有:售前服务、订购服务、送货服务、售后服务、维修服务、零配件供应服务、培训服务、咨询服务等。

(2)鼓励职工购买本企业产品。

通过优惠购买"自家车",激发员工的责任感和荣誉感,较好地将汽车销售和企业文化建设相结合。

(3)分期付款与低息贷款。

有些用户资金不足,可以通过这种方式来提前购买汽车。

(4)开展汽车租赁业务。

对于用户而言,这项业务可以使用户在资金短缺的情况下,用少许现金来获得汽车的使用权。

(5)订货会与展销促销。

可由一家企业举办,也可由多家企业联办,主要交易方式有:现货交易、样品订购交易、补偿贸易等。

(6)价格折扣与价格保证促销。

折扣促销是生产企业为了鼓励中间商或用户多买在价格上给予的优惠。

(7)精神与物质奖励。

企业对使用本产品的用户予以奖励,以培养用户对本企业产品的忠诚感。

(8)以旧换新。

这种方法能满足用户追求新异的心理,又能保证车辆的完好技术状况,有较好的经济、社会效益。

(9)产品试用或试销。

公司先将产品交付用户使用,用户满意则付款,不满意退货。

(10)竞赛与演示促销。

利用这些比赛充分展示企业产品的性能、质量、实力,以建立和保持产品形象。

2. 对中间商营业推广的形式

对于中间商,可以通过现金折扣、数量折扣、功能折扣的方式进行营业推广。

(1)现金折扣。

这种促销方式系指如果中间商提前付款,可以按原批发折扣再给予一定折扣。这种促销方式有利于企业尽快回收资金。

(2) 数量折扣。

数量折扣是对于大量购买的中间商给予一定的折扣优惠,购买量愈大,折扣率愈高。在我国,通常称为"批量差价"。

(3) 功能折扣。

企业根据中间商的不同类型、不同分销渠道所提供的不同服务,给予不同的折扣。例如,美国制造商报价"100元,折扣40%及10%",表示给零售商折扣40%,即卖给零售商的价格为60元;给批发商再折扣10%,即54元。

(四)公共关系

所谓公共关系的促销,是指综合运用企业影响范围内的空间和时间因素,向消费者传递理念性和情感性的企业形象和产品信息,从而激发起消费者的需求欲望,使其尽早采取购买行为和手段。用塑造良好的组织形象来促进组织经济效益的发展,是公共关系促销的显著特点。

企业公共关系活动的主要方法有以下几种:

1. 创造和利用新闻

通过发布有关新闻或举办活动,吸引新闻界和公众的注意,展示他们的人格魅力,宣传介绍企业的发展成绩,提高企业的知名度。

2. 参与公益活动

通过参与公益活动,如扶贫、救灾等,企业可以树立良好公众形象,表明自己的社会责任态度,赢得公众的信任,培养与公众的友好感情,从而提高企业的美誉度。

3. 策划特殊活动

企业可以安排一些特殊的事件来吸引公众的注意,通过丰富多彩的活动展示企业的实力和形象。

4. 编写和制作各种宣传资料

包括介绍企业和产品的业务通讯、期刊、录像、幻灯片或电影公众喜闻乐见的宣传品。

5. 导入企业形象识别系统

综合运用现代设计和企业管理的理论、方法,将企业的经营理念、行为方式及个性特征等信息加以系统化、规范化和视觉化,塑造具体的企业形象,企业将这种视觉的企业形象印制在企业的建筑物、车辆、制服、业务名片、办公用品包装、文件、招牌等方面,便于企业改善对外交流形象。

6. 设立公共关系热线

通过热线,在企业和公众之间建立一条方便、快捷和便宜的信息沟通渠道。

本 章 小 结

(1) 成本+利润+税金构成了我国汽车产品的基础价格,即出厂价格。

(2) 汽车生产成本是汽车价值的重要组成部分,也是制定汽车价格的重要依据。

(3) 国家税金是汽车价格的构成因素。国家通过法令规定汽车的税率,并进行征收。税率的高低直接影响汽车的价格。

(4)汽车企业利润是汽车生产者和汽车经销者为社会创造和占有的价值的表现形态,是汽车价格的构成因素,是企业扩大再生产的重要资金来源。

(5)汽车与配件产品市场价格是以出厂价为基础,以各种购置附加税、费和经营单位附加费为主形成的,并受市场供求状况的影响上下波动。

(6)一般认为,汽车与配件定价方法有三种:成本导向定价法、需求导向定价法和竞争导向定价法。

(7)成本导向定价法包括成本加成定价法和目标利润定价法。

(8)竞争导向定价法常见的具体方法有两种:投标定价法和随行就市定价法。

(9)汽车产品动态定价策略中包括调整基本价格和竞争价格。

(10)汽车分销的直接渠道主要有专卖直销、连锁直销、热点直销、拍卖直销、网络直销和直销网络六种类型。

(11)汽车分销的间接渠道主要有经销和代理、批发和零售四种类型。

(12)汽车销售的中间商是指居于生产者与用户之间,参与商品交易业务,促使交易实现的具有法人资格的经济组织和个人。中间商是分销渠道的主体,企业产品绝大部分是通过中间商转卖给用户的。一般来说,分为零售商和批发商。

(13)影响分销渠道设计的因素主要有企业特性、产品特性、市场特性、环境特性、中间商特性和营销目标特性。

(14)分销渠道设计内容包括渠道类型(长度和宽度)设计、渠道布局规划、中间商的类型与数量确定等。

(15)分销渠道的管理主要包括对各类中间商的培训、激励、考核、调整和协调等内容。

(16)促销的主要方式有人员推销、广告、营业推广和公共关系4种。

(17)人员推销具有很大的灵活性和广泛的适应性,更能接近用户。

(18)广告促销策略的形式有很多种,基本上包括馈赠、文娱、中奖、公益等促销手段的运用。

(19)营业推广是一种适宜于短期推销的促销方法,是企业为鼓励购买、销售商品和劳务而采取的除广告、公关和人员推销之外的所有企业营销活动的总称。

(20)公共关系的促销,是指综合运用企业影响范围内的空间和时间因素,向消费者传递理念性和情感性的企业形象和产品信息,从而激发起消费者的需求欲望,使其尽早采取购买行为的手段。

思考与练习

一、填空题

1.汽车产品的出厂价格包括_____、_____、_____。

2.我国汽车产品的市场销售价格主要由_____、_____、_____、_____和流通、销售环节经营管理费用及合理利润、其他费用组成。

3. 促销的主要方式包括_____、_____、_____和公共关系4种。

二、选择题

1. 下面(   )不是汽车分销的间接渠道。
   A. 经销　　　　　　B. 代理　　　　　　C. 专卖直销　　　　D. 零售
2. 下面(   )不是汽车消费的相关政策。
   A. 汽车税费政策　　　　　　　　　　B. 汽车金融政策
   C. 汽车报废政策　　　　　　　　　　D. 汽车产业发展政策

三、判断题

1. 目标利润定价法能保证企业产品的平均价格水平高于总成本，从而保证企业能进行有效的再生产。（   ）
2. 人员推销具有很大的灵活性和广泛的适应性，更能接近用户。（   ）

四、简答题

1. 简述汽车与配件的定价方法。
2. 简述分销渠道设计的内容。

第五章 汽车配件的管理与销售

> **学习目标**
> 1. 掌握汽车配件的类型及编号规则；
> 2. 掌握汽车配件的订货管理知识；
> 3. 掌握汽车配件的仓储管理知识；
> 4. 掌握汽车配件的销售知识；
> 5. 能叙述汽车配件的售后服务与保修索赔流程。

大多数汽车配件经营企业，配件销售的主要方式是门市销售。无论是批发经营，还是零售经营，门市销售都是最基本、最直接的流通渠道。一般称门市销售部门为门市部、营业部、商店，也有的称销售部、销售中心或销售公司。汽车配件企业要想做好做大就需要管理规范。每个汽车配件销售企业的工作重点都是把销售摆在首位，销售工作需要怎样的一个流程，这些知识在本章节中会详细叙述。

第一节 汽车配件的类型及编号规则

一、汽车配件的类型

为了更好地对汽车配件进行管理，首先必须掌握汽车配件的分类。汽车配件种类较为复杂，并且分类方法很多，有实用性分类、标准化分类和外包装标识分类等，这里主要了解实用性分类和标准化分类两种。

（一）按实用性分类

根据我国汽车配件市场供应的实用性原则，汽车配件分为易耗件、标准件、车身覆盖件与保安件4种类型。

1. 易耗件

在对汽车进行二级维护、总成大修和整车大修时，易损坏且消耗量大的零部件称为易耗件。其主要包括发动机易耗件、底盘易耗件、电气设备及仪表的易耗件。

1）发动机易耗件

（1）曲轴连杆机构。

包括汽缸体、油底壳、汽缸盖、汽缸盖罩盖、通风管、曲轴、连杆、轴承、活塞、活塞环、活塞销等。

（2）配气机构。

包括齿形带、齿形带护罩、凸轮轴、阀门等。

（3）润滑系统。

包括机油泵、机油尺、机油滤清器等。

（4）冷却系统。

包括水泵、水管、水软管及硬管、散热器、凸缘盘、补偿罐、导风装置、导流纸板等。

（5）燃料系统。

包括燃油泵、燃油储备容器，汽化器、空气滤清器、空气预热板、进气歧管、真空设备，节气门部件、进气系统、燃油分配器、燃油箱和燃油管等。

（6）离合装置。

包括离合器、分离轴承、分离轴、叶轮泵（用于动力转向系统）、发动机紧固件。

（7）排气装置。

包括排气歧管、排气管、中间管、前消声器、中间消声器、后消声器等。

（8）带冷却剂循环的冷却系统的配件。

包括燃油箱、燃油管路、燃油滤清器、活性炭过滤装置、制冷剂压缩机、压缩机的连接紧固件、制冷剂循环系统、制冷剂冷凝器等。

2）底盘易耗件

（1）传动系统。

变速器配件：变速器总成、齿轮与轴、换挡叉轴、换挡拉杆、换挡拨叉；变速器紧固件；传动轴、万向节总成、十字轴；差速器主、从动锥齿轮，行星齿轮、半轴等。

（2）转向系统。

包括前轴、转向器、转向横拉杆、转向节、转向盘、转向柱管、转向轴万向节、壳体、液压油罐及连接件、软管、动力转向操纵装置等。

（3）制动系统。

制动系统的配件有钢质辐板式车轮、鼓式制动器、制动托盘、制动蹄、制动拉索、制动主缸、补偿罐、制动液、制动硬管、制动软管、制动助力器用真空软管组、制动助力器、盘式制动器制动钳、制动盘、修理组件等。

（4）行驶系统。

包括带安装件的后桥体，前、后悬架，弹簧装置，前、后减振器，前、后轮毂，车轮、轮毂螺栓及螺母等。

（5）手操纵和脚踏杠杆装置。

包括换挡操纵装置、阻风门拉索、制动器、离合器踏板、离合器拉索、加速踏板、油门拉索等。

3）电气设备及仪表的易耗件

包括发电机、起动机、蓄电池、点火线圈、有触点分电器、火花塞、汽车灯具、继电器、喇叭、仪表及传感器等。

2. 标准件

按国家标准设计与制造的，并具有通用互换性的零部件称为标准件，如发动机悬架装置中的螺栓及螺母、轮胎螺栓及螺母等。

3. 车身覆盖件

为使乘员及部分重要总成不受外界环境的干扰,并具有一定的空气动力学特性的构成汽车表面的板件,如发动机罩、翼子板、散热器罩、车顶板、门板、行李舱盖等均属于车身覆盖件。

4. 保安件

汽车上不易损坏的零部件称为保安件,保安件有曲轴、正时齿轮、凸轮轴、汽油箱、喷油泵、调速器、离合器压盘及盖总成、变速器壳体及上盖、操纵杆、前桥、桥壳、转向节、轮胎衬带、钢板弹簧总成及第四片以后的零件、载货汽车后桥、副钢板总成及零件、转向摇臂等。

(二) 按标准化分类

汽车零部件总共分为发动机零部件、底盘零部件、车身及饰品零部件、电器电子产品和通用件5大类。根据汽车的术语和定义,零部件包括总成、分总成、子总成、单元体和零件。

1. 总成

由数个零件、数个分总成或它们之间的任意组合,而构成一定装配级别或某一功能形式的组合体,具有装配分解特性的部分。

2. 分总成

由2个或多个零件与子总成一起采用装配工序组合而成,对总成有隶属装配级别关系的部分。

3. 子总成

由2个或多个零件经装配工序或组合加工而成,对分总成有隶属装配级别关系的部分。

4. 单元体

由零部件之间的任意组合,而构成具有某一功能特征的组合体,通常能在不同环境下独立工作的部分。

5. 零件

不采用装配工序制成的单一成品、单个制件,或由2个以上连在一起具有规定功能、通常不能再分解的制件。

二 汽车配件号码编排规则

为了保证配件信息的准确性,给每一个配件赋予一个数字和英文字母组成的号码,这就是配件号码。配件号码不是不含意义的随便组合,相反的,这是用数字和字母组合成的一套简明精确的系统。就是说,每一个组的数字及每一个个别数字和字母在特定的位置上有其相应的意义。配件号码说明这个配件或总成是为哪种车辆设计的,以及是属于汽车构造哪一部分的(如发动机、轴、车身等);可以识别这个配件是否经过变更设计;可以读出某一配件的颜色;也可以了解一个配件是属于标准件还是近似标准件。

下面以上海大众轿车配件编码为例进行说明:

1. 327 867 011 D MP1

车型标记由三个数字或字母组成,表示该总成或零件是为这个车型设计生产的,也表示这种总成或零件是优先为这种车型生产和装配使用的。

2. 327 867 011 D MP1

配件号的第四位是大组号（组成），大众公司将汽车的主要结构元素相应地分成十个大组：

1—发动机，2—油箱、排气系统、冷空调系统，3—变速器，4—前桥，5—后桥，6—制动，7—操纵，8—车身，9—电气、仪表，0—附件（包括油漆）。

配件号的第五、六位是小组号，每一个大组可以分成（00 到 99）一百个小组。

按设计要求将该大组中的分总成或配件分别放在相应的小组中表示，注意有些小组号有其特殊含义。

3. 327 867 011 D MP1

零件序号是由三位数字组成（从 000 到 999），表示这个零件在这个小组中的编号，从这三个数字的末一位数字可以区别：

（1）单数—不分左右的零件或安装在车辆左侧的零件；

（2）双数—安装在车辆的右侧。

4. 327 867 011 D MP1

尾码（变型后补标记或更改标记），一般由两个字母组成，它的出现表示该总成或零件曾经变更过。

5. 327 867 011 D MP1

颜色代码一般是用来辨别装饰件的颜色，它由三位数字或字母组成，我们应该将颜色标记的数字或字母始终作为一个整体来看待，因为只有它们在一起时才有意义。若将它们单独分开，则不代表任何含义。

三 汽车车辆识别代号

车辆识别代号（Vehicle Identification Number，VIN）可称为底盘号或车架号，是制造厂为了识别而给一辆车指定的一组代码，共 17 位（前面可加字母"F"作为引导符号）。使用 VIN 是中国在车辆制造、贸易及管理上同世界接轨的重要步骤。国际标准化组织 ISO 在 1976 年制定了 ISO 3780《道路车辆—世界制造厂识别代号》后，各主要汽车生产国纷纷制定了自己的标志，世界范围内的车辆识别系统在 1996 年完成了有关车辆识别审批工作，发布了相关标准 GB/T 16735、GB/T 16736、GB/T 16738。1998 年 10 月 1 日我国发布了有关使用 VIN 的规定，并从 1999 年 1 月 1 日起在汽车行业中强制执行，这标志着我国朝建立世界统一的车辆识别系统迈出了极为重要的第一步。

VIN 码一般以铭牌的形式，装贴在汽车的不同部位，如图 5-1 所示。VIN 码常见的位置有：仪表板左侧、前横梁、行李舱内、悬架支架上、纵梁上、翼子板内侧及直接标注在车辆的铭牌上。

1. VIN 码的组成

VIN 码由三个部分组成：第一部分，世界制造厂特征代码（WMI）；第二部分，车辆特征代码（VDS）；第三部分，车辆指示码（VIS），如图 5-2 所示。

下面以东风汽车公司为例具体说明。

a) 仪表板左侧

b) 内板的铭牌

c) 悬架支架上

d) 悬架上

e) 行李舱内

图 5-1　VIN 码常见位置

（1）第一部分：世界制造厂识别代码（WMI）。

东风汽车公司的世界制造厂识别代号"LGA"用于东风汽车有限公司生产的载货汽车和军用越野汽车的车辆识别代号。LGF 表示非完整车辆的代号。

（2）第二部分：车辆特征代码（VDS）。

由 6 位字符组成，如果制造厂不用其中的一位或几位字符，应在该位置填入制造厂选定的字母或数字占位。东风汽车公司的车辆特征代码的构成如图 5-3 所示。

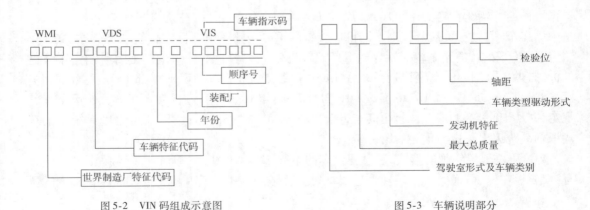

图 5-2　VIN 码组成示意图　　　　　图 5-3　车辆说明部分

（3）第三部分：车辆指示码（VIS）。

由 8 位字符组成，其最后 4 位字符应是数字。按装配线为代号，供应部队的车辆主要由表 5-1 中所列装配线生产。

装配线代号 表 5-1

装配线	代号	装配线	代号
总装配厂一线	1	白浪客车底盘公司	6
总装配厂二线	2	研发中心装试厂	7
总装配厂三线	3	东风股份公司一线	A
客车底盘公司专用汽车底盘装配线	4	东风股份公司二线	B
东风有限公司重型车厂	5	东风特种汽车公司	V

2. VIN 码的相关术语

(1) 车身形式:指车辆的一般结构或外形,如车门和车窗数量;运载货物的特征及车顶形式,用以区别车辆。

(2) 发动机型号:指动力装置的特征,如所用燃料、汽缸数量、发动机排量等。

(3) 种类:指制造商对同一型号内的,在诸如车身、底盘或驾驶室类型等结构上有共同点的车辆所给予的命名。

(4) 品牌:指制造厂对一类车辆或发动机所给予的名称。

(5) 型号:指制造厂对具有同类型、品牌、种类、系列及车身形式的车辆所给予的名称。

(6) 车型年份:标明某个单独的车型的年份,只要实际周期不超过两个法定年份,可以不考虑车辆的实际生产年。

(7) 制造厂:指标贴 VIN 码的工厂。

(8) 系列:指制造厂用来表示如标价、尺寸或载质量标志等小分类的名称,主要用于商业目的。

(9) 类型:指由普通特征(包括设计与目的)来区别车辆的级别。轿车、多用途载客车、载货汽车、客车、挂车、不完整车辆和摩托车是独立的类型。

四 查找配件号码的方法

汽车配件号码的查询必须有原厂授权的配件查询资料(书册或胶片)才能进行配件的查询。它的查找不能只通过几次培训、几道练习就能掌握,需要在工作中学习、探索,逐渐熟练掌握。

1. 确认备件号的有关参数

(1) 车型、款式、规格。

(2) 明确的备件名称。

(3) 底盘号。

(4) 发动机型号,输出功率/发动机字母标记。

(5) 发动机/变速器规格。

(6) 制造厂家代码及生产日期。

(7) 选装件(如中央门锁)、内部装备材料及基本色调(如座椅)。

(8) 车体外部颜色。

2. 查找备件号的步骤

(1)须知的最基本参数。
(2)确定零件所在的大类。
(3)确定零件所在的小类。
(4)确定显示备件的图号。
(5)根据备件名称找到插图,确认备件号;或根据车型、款式、备注说明以确认备件号。
(6)根据车辆参数确定备件号并记录下来。
(7)关闭阅读器,胶片送回原处。

3. 车辆标牌、发动机、底盘号的位置

以一汽大众生产的捷达车为例。
(1)车辆标牌——位于发动机机舱右围板处或储气室右侧。
(2)发动机号——位于缸体和缸盖结合处的缸体前端。此外,齿型皮带罩上有一条形码不干胶标签,其上标出了发动机号码。
(3)车辆识别号(底盘号)——车辆识别号标在发动机机舱前端围板处,通过排水槽盖上的小窗口即可看到底盘号。
(4)整车数据不干胶标签贴在行李舱后围板左侧,其上有生产管理号、车辆识别号、车型代号、车型说明、发动机和变速器代码、油漆号/内饰代码、选装件号等数据。

第二节 汽车配件的订货管理

特约经销商的配件订货管理即配件采购管理,零配件的采购主要有合同采购和市场紧急采购两种。特约经销商配件的进货渠道以与主机厂配件销售部门签订的配件采购合同为主,也可与同类4S店零配件相互拆借。特约经销商在配件采购管理中应该建立配件采购的跟踪、质量保证体系。

对于特约经销商,汽车配件订货非常重要,这是因为:

(1)采购配件成本占生产总成本的比例很大。若汽车配件无法以合理的价格获得,则直接影响到企业的经营。若订货价格过高,则维修成本也高,影响到企业的利润;若订货价格过低,则很可能订货的配件品质很差,影响到维修质量,从而使维修企业不具备市场竞争力。

(2)订货周转率高,可提高资金的使用效率。合理的订货数量与适当的采购时机,既能避免停工待料,又能降低配件库存、减少资金积压。

(3)配件采购快慢、准确与否以及品质优劣,直接关系到车辆维修工期和客户满意度。

(4)采购部门可在搜集市场情报时,提供新的汽车配件代替旧配件,以达到提高品质、降低成本的目的。

(5)采购部门经常与市场打交道,可以了解市场变化趋势,及时将市场信息反馈给特约经销商决策层,促进特约经销商经营业绩成长。

一 配件需求与供应

一辆汽车至少包括约5000个部件,如果其中有一个部件不正常,就必须马上替换掉。

为实现经济合理的配件供应,应做到以下两个方面:

(1)要保证供货率。即配件仓库必须对顾客提供很高程度的立即出货的能力。

(2)要保证经济效益。没有必要库存过多的配件,以免积压资金(除了购买配件的资金以外,还有扩充库房所需的资金)。这些资金完全可以投入别的产生效益的领域,例如买进新设备或支付员工奖金。

二 配件订货渠道与方式

(一)选择配件供应商

特约经销商必须从汽车生产企业配件部门订货,以保证配件质量。在进货渠道的选择上,应立足于以优质名牌配件为主。但为适应不同层次的消费者的需求,也可进一些非名牌厂家的产品,可按 A、B、C 顺序选择。

A 类厂是全国有名的主机配套厂,这些厂知名度高,产品质量优,多是名牌产品。这类厂应是进货的重点渠道。其合同签订形式,可采取先订全年需要量的意向协议,以便于厂家安排生产,具体按每季度、每月签订供需合同,双方严格执行。

B 类厂虽生产规模知名度不如 A 类厂,但配件质量还是有保证的,配件价格也比较适中,订货法与 A 类厂不同,可以只签订短期供需合同。

C 类厂是一般生产厂,配件质量尚可,价格较前两类厂低。这类厂的配件可作为进货中的补缺。订货方式也与 A、B 类厂有别,可以电话要货,以短期合同为宜。但必须注意,绝对不能向那些没有进行工商注册、生产"三无"及假冒伪劣产品的厂家订货。

(二)选择供货方式

要选择正确的供货方式,应该注意以下事项:

(1)对于需求量大的配件,应尽量选择定点供应直达供货的方式。

(2)尽量采用签订合同直达供货方式,减少中间环节,加速配件周转。

(3)对需求量少的配件,宜采取临时采购方式,减少库存积压。

(4)采购形式采取现货与期货相结合的方式。现货购买灵活性大,能适应需要的变化情况,有利于加速资金周转;对需求量较大,消耗规律明显的备件,采取期货形式,签订期货合同,有利于供应单位及时组织供货。

(三)订单类型

常见的配件订单可分为四种:常规订单、紧急订单、直送订单、定制订单。

1. 常规订单(M)

它是由配件计划人员所计算的补充订货,每月 4 次(项目数不限,单份订单金额不足可能需合并送货,当月有效),使维修站的配件种类再补充完全或增加新的项目。配件计划人员应将仓库进出货的数据随时准确而完整的清理,通过分析后,按配送日程表准时提出订货。

2. 紧急订单(E)

它是在维修站为修理一辆目前无法使用的汽车,因缺乏必需的配件所作的临时订货。这种订货方式一般是在修理工作无法进行的例外情形中才使用,应尽可能避免紧急订单的次数,这样才能有效降低配件的成本(超出规定的紧急订货需加收一定费用)。

3. 直送订单(D)

针对某些特定项目所采用的专用订单,目前是在条件许可的前提下减少物流环节,降低物流成本。

4. 定制订单(S)

针对某些特定项目所采用的专用订单,除提供必需的配件号及数量外,还需提供 VIN 代码、申请表、照片等。

三 安全库存

由于行业上下游都存在着一条很长的供应链,为保证生产及流通各环节的有序衔接,企业必须放置库存。

供应链是围绕核心企业,通过对信息流、物流、资金流的控制,从采购原材料开始,制成中间产品以及最终产品,最后由销售网络把产品送到消费者手中的,将供应商、制造商、分销商、零售商、物流企业直到最终用户连成一个整体的功能网链结构。它不仅是一条连接供应商到用户的物流链、信息链、资金链,而且是一条增值链。

供应链管理是企业的有效性管理,表现了企业在战略和战术上对企业整个作业流程的优化,使商品以正确的数量、正确的品质、在正确的地点、以正确的时间、最佳的成本进行生产和销售。

供应链优化在满足客户需求的基础上,能有效降低供应链的管理成本,提高企业的准时交货率,缩短订单满足提前期,降低企业的库存,加快现金流周转。从服务对象的物流特性来划分,供应链可以分为3种类型:高效率供应链、快速反应供应链和创新供应链。

基础库存是指经销商/维修站为满足日常维护和常见故障维修所必备的配件库存量。它根据历史消耗数据进行统计,按车型给出每种配件不同维修等级(按月修理台次划分)的月储备标准值,并在此基础上制定出差异化的符合当地区域的基础库存标准,每隔一段时间就会调整。

在满足基础库存的基础上,维修站应根据业务拓展的需要建立安全库存。安全库存是一种专用库存,用以平衡需求量的变化,如果每月平均消耗量变化不大的部件,则其安全库存可以少一些,反之,消耗量变化大,其安全库存相应多些;供货时间的长短也是影响安全库存的一个重要因素,供货时间就是供货周期(包括订货周期和到货周期)。供货时间越长,再加上考虑不足,需求量的高峰便会越高,安全库存消耗越大,可能导致供货不足,而使服务质量下降。

安全库存的建立应多方考虑、综合平衡,即要保证服务所需的配件供应,又要保证有良好的经济效益。

每个配件的周订货量一般可以按照下面的公式来计算:

订货数 = 安全库存 + 供货周期消耗 + 增长量 − 库存量 − 未到货数 + 欠发数

其中,供货周期消耗＝每天平均需求量×(订货周期＋到货周期),例如:供货周期为10天(订货周期7天＋到货周期3天);加上一个需求量的增长(可以是正增长或负增长);减掉目前的库存量(实际)以及已经订了货而尚未送到的数量;加上对顾客的延迟交货数或供货商的欠发数。

一般来说,通过上述公式得出的配件订货数可以基本满足维修站补充库存的需要。

四 订货流程

1. 订货准备工作

(1)新建特约维修站正式订货前应派专职配件经理、订货员及仓库管理员各一名,参加售后服务部门组织的岗位培训,经考核并持证上岗后方可订货。

(2)建立完整的订货卡片,并随时记录一切必备的数据(销售统计、日期、备件编号等);建立每日入、出、存报表制度,反映当日入库、出库、结存状况,作为订货依据;建立定期盘存制度,以便于了解库存的实际状况;掌握辖区内汽车保有量及车辆的使用情况;计算配件供货周期,以确定订货频次;充分估计交货时间、交货品种、交货数量上可能产生的误差。

(3)首次订单应包含必须配置和选配的配件,配件号以电子目录、售后服务网及更改通知单为准,如图5-4所示。

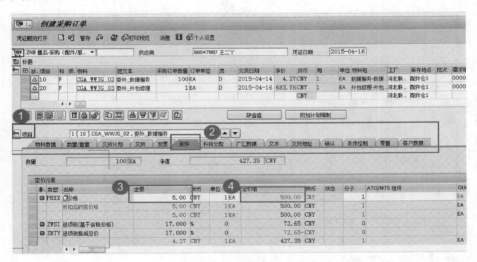

图5-4　创建采购订单

(4)特约维修站应委派配件经理或订货员赴配件中心领取有关订货资料(如索赔申请单等),并详细询问提货时的有关细节。

(5)特约维修站应建立计算机配件管理系统。

(6)特约维修站应按要求布置仓库,配备必需的仓储设备,做好接收配件的准备工作。

(7)特约维修站开户银行、账号、税号(全称)、通讯地址及电话应在首次订单发出前报分中心,以后如发生更改,也必须及时通知分中心。

2. 订货

(1)特约维修站在计算机系统中按需制作订单并在线发送,发送不成功的前提下可用电子邮件发送订单并通知销售人员。

（2）特约维修站的订单,应在分中心预先确定的期限内送达(新建站应及时告知具体开业时间,并提前递交首次常规订单,以后是按配送日程表规定的日期提交)。

3. 提货

配件经检配、核料装箱、移箱后,分中心将按照配件服务规定予以配送。此外,维修站还可以采用自提(仅在紧急订货时,每天不超过一份,提货人员需授权备案)的形式作为配送的补充。

4. 付款

不论何种提货方式,维修站必须及时付清货款,否则会影响到本次订单的配送(最迟在该经销商下一次常规订单配送时合并配送)。维修站按规范形式通过电汇或现金的方式结算配件款项,也可合理应用保证金制度应对紧急订货,避免因款项不足(包括系统中资金余额)而影响正常订货。

5. 交接

经销商签收人(必须经过授权备案)签收送货单前要按货运单验收,签单后经销商应在在线订货系统中同时进行电子签收并打印签货运回单交与运输商带回分中心,如经销商无故拒绝签收和打印签收单,分中心将视为此批配件已经按照到货时效要求送达。配件交接要点如下：

（1）配送设备完好,设备编号与《配送装车单》内容一致。

（2）配送设备数量清点。

（3）贵重配件当面清点。

（4）钣金件、玻璃、保险杠等易损、易碎件开箱验收。

（5）其他有包装的配件,按照件数点收。

（6）如发生配送设备损坏、配件外包装损坏、配件损坏等情况由交接双方共同填写《破损零件登记表》。

（7）交接以配件从配送车辆上卸下,但未进入维修站仓库为准。

第三节　汽车配件的仓储管理

一　仓储管理在汽车配件经营和管理中的作用

（1）仓储管理是汽车配件经营的一个重要环节,是一个系统工程。仓储应具有储存、保管、调节供需、调节货物运输、配送和流通加工的功能。

（2）传统的仓储管理是以管理好库存商品为目标,是静态的管理活动。现代仓储管理作为物流管理的重要组成部分,以对客户需求快速反应,低成本和高质量的服务为宗旨,是动态的管理活动。目前我国经营性仓储还以大多数传统的仓储管理较多,品牌4S店汽车配件营销尤为突出。

（3）作为汽车配件经营企业做好仓储管理对于提高本企业的经济效益和销售数量,提升服务对象的满意度,确保备品质量完好,数量准确有着十分重要的意义。

二 仓库的组成要素

（1）仓库：必要的面积，足够的高度，有扩大的可能性；可以作为有秩序的库存；良好通风及照明，符合安全防火规定；工作方便，特别是和修理车间及门市部要联络方便；货车可以直接开到；耐磨合用的地板。

（2）仓库设备：方便而符合需要，不占空间，而且可改装；牢固而且防水，操作容易，价格便宜。

（3）库存系统：事先要有完善的计划，要准备管理数千种配件；要便于维持流转秩序，标示要清楚；要能节省路径和时间，并能立即找到所需的各种配件；百分之百可靠，减轻工作量。

（4）库存的专业知识：如已经处于安装状态的减振器最好是挂在特种货架上；螺旋弹簧的存放要能防冲撞，以免外漆受损及产生锈蚀。

总而言之，必须熟悉库存的方式，了解每一个步骤的意义，这样才能知道它如何运作。要使一个库房能够随时让人参观，才算管理有方。

三 仓库及设备

配件仓库不是一个堆满架子和运货托架的容器，而是仓库管理人员进货及发货的工作场所，所以必须要有足够的走道和通路。当然走道的空间要尽量节省，可是也至少需要一半的面积。

每一库房里都会用到小手推车，所以货架前的走道至少需要0.8～1m宽，并且每8m连续货架就要有一个主通道。主通道的宽度1.5m，这样才能移动自如，不会勾边挂角。在窗边，货架要离墙80cm，以免遮住光线，并作为紧急出口，同时还能起到防盗作用。另外还要留出进、出货口的位置。汽车配件在大小、材料、形状、质量上存在差别，需要不同的货架满足其存放要求。货架从用途上来分，可分为通用型货架、特种货架、运货托架等。汽车配件库中的常见货架有托盘货架、轻量货架、挂件货架、轮胎货架、玻璃货架。

库存时的运输和辅助工具只要能减轻工作量，保障安全的各种工具和机具都可以利用。如抓钳车、抓钳板、手推车、升降推车、铲车、起重机、滑轮组、梯子或踏板。应充分利用这些工具，也要勤加保养。

四 仓储管理工作

作为单一品牌的4S店，服务对象只局限于本部门维修的需要，因此仓储管理工作只局限于商品入库、储存保管和销售出库。作为公司经营型备品专营单位，它不只限于商品的入库、储存保管和销售出库，还需要配合储运部门做好商品出库后出库检验、清点数量、再包装、装车及配货等工作。在我们服务对象需要多品种、多批次、小批量的经营环境下做好以上工作显得尤为重要。

仓储管理工作由以下几个方面来完成：

（一）商品的入库

保管员在接到储运部的入库清单之后，未卸车前要协助储运部将商品迅速从车上卸到指定的位置。

1. 验收入库

保管员要根据入库清单的品名、规格、数量、生产厂家，按照入库单明细，逐个品种进行核对。确保入库品种与入库单的品名、规格、数量、生产厂家件件相符。

2. 数量的验收

确保入库产品数量的准确性，是仓储管理部门和保管员的基本职责，由于多种原因，汽车配件在验收入库过程中往往会出现短少现象。保管员在验收入库过程中要对整箱包装的产品，以25%的比例进行开箱检查验收。对于拼箱的产品要开箱逐项品种进行清点，发现短少，保管员要拒绝该项产品入库，并且会同储运部一起同供货方进行协调，确保入库商品品种和数量的准确性。

3. 质量的检验

汽车配件经营单位对产品的质量检验，由于条件的限制，检验过程是被动的，一般只是对产品的外观质量、包装、有无霉变、锈蚀、虫蛀、渗漏、变色、变形、老化、脱漆、破损、沾污等质量进行检验，以上检验中若发现问题要与储运部一起及时通知厂家，进行解决。

4. 商品入库后的货物定位

商品入库要坚持四定位、五五堆放、过目知数、先进先出的原则。合理利用仓库的空间，使仓库面积使用最大化，如图5-5所示。

对于个别批量大、易碎、易燃、易挥发、易霉变的商品要根据自身仓库的条件，选择较合适的区域进行存放。

5. 办理入库交接手续

办理商品入库要求准确、迅速、高效，商品到达后计划、储运、入库、销售一般要在4个小时内完成。因此要求商品入库后，保管员与储运员要在入库单签字注明入库时间，迅速将入库单转营业员，并要求营业员在入库单签字注明时间，营业员入微机库进行正常销售。

（二）入库商品的保管

每一个配件仓库新进的人员，都要很快地熟悉库存布局。而每一个已经在仓库工作一段时间的工作人员，都要能很快地找出存放的配件。这就必须要有一个可靠的，而且大家都熟悉的库存系统。也必须要在每一个仓库区段、每一个货格分格、每一个托盘、每一个抽屉上用预先印好的插换式标签或其他指示标明明白标述出该配件名称。仓库的区、通道、料架要用指示牌标示明白，如图5-6所示。

图5-5 货区商品摆放

图5-6 通道与货架展示

1. 库存管理系统

1)配件号码顺序系统

每一个配件都有一个配件号码,在存货入库时候、每个配件都是按照其号码顺序以从左到右或蛇形形式依次摆放的。在从仓库里取货时,就把需要用的配件号码写在取货单或材料表上。取货的人只要按照配件的号码,就能够很快地找到要用配件。

(1)按大组、小组由小到大进行排序。

(2)按零件序号由小到大进行排序。

(3)按车型或机组标记由小到大进行排序。

(4)按尾码由小到大进行排序。

(5)按颜色代码由小到大进行排序。

2)存放位置系统(定位法)

这是一种高效率的配件存放方式,前提条件是仓库(包括其中所有的货物)已纳入计算机管理。在这个系统中,仓库中每一个货架分格和每一个存放位置都要有明确的代号(库位),配件不是按照配件号码顺序进行摆放,而是按照每个配件的消耗量多少分别存放。它的基本原则是:

(1)消耗量越大的配件越靠近出货口。

(2)消耗量越小的配件越远离出货口。

仓库中可分若干区域,例如第一区为小配件货架、第二区为小配件货架叠高层、第三区为运货托架等。配件的位置由货区、通道、料架号、层号、格号共五个属性组成,如图 5-7 所示,商品 A 的货位号为 1-1-2-3。

在维修站的仓库中,S 为小件区,M 为中件区,L 为大件区。这样就构成了一套存放位置系统。利用这种存放位置系统,每一种配件存放的位置和存放地点的变更都有记录。为满足配件变更布置或扩充的需要,货架上要保留一定空置的库位,以容纳新增加的配件项目。这些保留库位可以直线排列,或对角线排列,或每隔四个到五个分格就空下一个,这样插入一个新项目的途径最短。

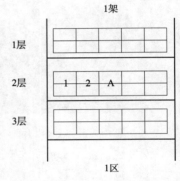

图 5-7 商品 A 的位置

2. 库存原则

1)高效原则

(1)快流配件距离销售点最近、最方便、准确取用。

(2)根据配件拣货次数和库存类别作为首要条件。

(3)快流配件综合货架放在最方便取用和销售的地方。

(4)轻物上置,重物下置。例如下层为制动盘,中间为滤清器,上层为空气和空调滤清器,较重配件一定使用承重货架,承重层板底部带有加强筋骨,货架后部背板带有紧固筋。如图 5-8 所示。

(5)优先将一层充分利用后再使用二层。

2)经济性原则(最大限度利用空间)

（1）不宜叠放的配件，应选择层高间隔小的货架。如图 5-9 所示。

图 5-8　商品摆放合理

图 5-9　排气管存放图

（2）体积大的配件选择比较充裕的货位，如图 5-10 所示。

3）整洁性原则

（1）保持库房干净，配件放置整齐美观，如图 5-11 所示。

图 5-10　体积大的货位图

图 5-11　商品摆放整齐划一

（2）包装盒上的配件号朝外放置。

（3）货物摆放时要贴着货架的前部边缘，同时不突出货架边缘之外，如图 5-12 所示。

图 5-12　货物摆放区

（4）地面上、货架顶部及没有货位标示的地方，不应放置配件。

（5）个人物品禁止存放在仓库中。

4）安全性原则

包装的主要目的是在搬运、堆垛、装卸、拣配、装箱、装车、运输等环节中保护配件、方便物流作业；通过统一的包装能宣传企业形象，同时满足国家相关法规并起到一定的防伪作用。

（1）保持包装完好，如验货后封闭不马上使用的包装。

（2）按包装上的指示箭头摆放，如发动机罩、保险杠等。

（3）无独立包装的小配件、易碎配件防止丢失损坏。例如将其放在储物盒和抽屉中，小配件避免放在层板边缘有缝隙的货位上，容易受力变形的配件不能束扎、挤压或者拉伸；皮带不能束扎,刮水胶条、软胶条不能直接放在挂网钩子上。

(4)避免金属接触金属。此类配件和货架之间要有保护垫,配件与配件之间用带有保护套的分隔柱分割。

(5)液体类单独规划放置区域。

(6)严禁将液体放置在其他配件之上。

5)先进先出原则

按照一定的规则摆放配件。

(1)靠左靠前放置配件。

(2)从右侧放入新接收的配件到货位后部空余位置。

(3)前面配件用完将后面配件推至前面,形成循环。

(4)对于有保质期的配件,应该在配件标签上予以颜色标注。

6)特殊配件储存原则

(1)有储存期限或者要求的配件要特别标示和定期检查。

(2)轮胎需特定的有倾斜角并带保护垫的货架并定期转动。

(3)减振器有专用货架竖直存放。

(4)按规定维护蓄电池。

(5)索赔配件及危险品、贵重物品需要单独存放。

(6)电子配件预防静电。

7)危险品储存原则

凡是具有爆炸、易燃、毒害、腐蚀、放射性等特性,在运输以及存储过程中,容易造成人身伤亡,造成财产损毁的物品,都称作危险品。下面是属于危险品的配件:

(1)易燃液体或含有易燃液体,如油漆、稀料、汽油泵、固化剂等。

(2)含气体压力的非可燃性瓦斯,如蓄压器、弹力支撑杆、灭火器、减振器等,打火机则为可燃性瓦斯。

(3)含腐蚀性化学成分,如蓄电池等。

(4)易爆物品,如气囊等。

(5)清洗剂类可能含有毒性,或者有害环境。

危险品储存原则如下:

(1)有毒物质应当放置在上锁区域。

(2)腐蚀品应注意不让其包装泄露,万一泄露应有接泄露的器皿。

(3)易爆物品和氧化物品(助燃)存放的位置要保证一旦发生爆炸损失最小。

(4)有毒物质一定不能和易燃易爆的物质共同存放。

(5)易碎品应注意边缘保护及填充和隔离,避免破碎。

(三)在库商品的出库管理

在库商品的出库工作主要由保管员来完成,保管员虽然在品种、车型上分工明确,但在配件出库工作中分工不分家,谁接单谁提货,4S店更是如此。

商品出库主要由以下几项流程来完成。

1. 审单

保管员在接到销售单后，首先要对销售清单进行审核，确认清单的日期是否有效，财务印章是否真实有效。

2. 发货

保管员在审核清单真实无误后，要根据清单的库号、区、架、位提货。做到清单、卡、区、号、货五者相符。

3. 核对交接

保管员将货物提出后，要将货物逐项按品种数量清点交接给客户或储运员，待客户或储运员确认准确无误后，再将货物进行包装。如有差错要当场纠正，以确保发出的货物和库存数量无差错。然后协助储运员装车，帮助用户装车将其送走，并欢迎再次光临。

4. 包装发运

包装发运工作分工属储运员的一项工作，但保管员同样负有协助包装发运的职责。各种商品对包装的要求不同，保管员、储运员要根据不同商品对包装的不同要求进行，确保发出的货物到达后无破损，品种、规格、数量准确无误。

五 仓库盘存

盘存就是清点所有的资产，登记它们数量和价值，并计算所有的债务。盘存最好在一天内完成。一般在开始营业的时候，以及在每一个营业年度结束的时候。盘存是必要的：一个企业为了本身利益要定期盘存；"法令"也规定要进行盘存，作为年终结账的依据。这样才能彻底地了解企业的盈亏状况。

盘存的目的是要列出一张材料清单，包括企业的营业设备、机器、公务用车、试用样品车、新车、旧车、所有的半成品、所有的配件存货、所有现款与债权以及所有的负债。可是数量和价值不可以从会计或计算机系统中抄下来，因为那里所记的是应有的存货（或称簿记存货），由于可能有不符合实际情况的登录存在（由于登录错误、遗失、放错地方等），所以必须作实际存货清点登录。这表示所谓"盘存"，就是一件件一丝不苟的计数、称重、测量所有的配件，并确定它们的价值。

盘存工作步骤如下：

1. 仓库大扫除

首先要将仓库的呆货（就是那些长期都没有卖出过一件的货品）清理出来，然后列一个废料表登记这些配件，交给审核与会计部门，最后应尽量利用现有条件尽快实现销售。如这些配件已无使用价值，就把这些配件销毁，使它再不能转卖。

2. 建立秩序

（1）所有刚进的配件立刻存入仓库，这样在清点时不会遗漏。

（2）所有的配件按要求存放，堆放的方式要便于点数，这样才能在清点时节省时间。

（3）将货架和分格的号码与计算机系统中的号码相比较，对照货架标签与分格的存货是否相符，必要时要更改和补充，看不清的标签要换新。

（4）要以最新的配件电子目录、ETKA 为依据。

（5）清洁货架分格，注意塞在里面看不到的配件，并注意配件位置是否放错。把打开的包装单位补充满，让它符合原来配件数目，未开的包装放在后面，已开包装的放在前面。

3. 准备盘存工具

准备好盘存的工具，盘存凭证如图 5-13 所示。

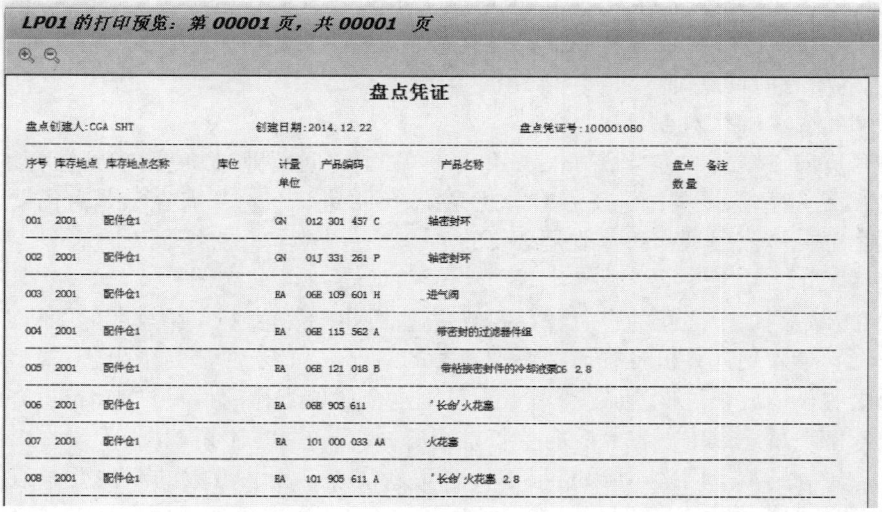

LP01 的打印预览：第 00001 页，共 00001　页

盘点凭证

盘点创建人:CGA SHT　　创建日期:2014. 12. 22　　盘点凭证号:100001080

序号	库存地点	库存地点名称	库位	计量单位	产品编码	产品名称	盘点数量	备注
001	2001	配件仓1		GN	012 301 457 C	轴密封环		
002	2001	配件仓1		GN	01J 331 261 P	轴密封环		
003	2001	配件仓1		EA	06E 109 601 H	进气阀		
004	2001	配件仓1		EA	06E 115 562 A	带密封的过滤器件组		
005	2001	配件仓1		EA	06E 121 018 B	带粘接密封件的冷却液泵C6 2.8		
006	2001	配件仓1		EA	06E 905 611	'长命'火花塞		
007	2001	配件仓1		EA	101 000 033 AA	火花塞		
008	2001	配件仓1		EA	101 905 611 A	'长命'火花塞 2.8		

图 5-13　盘存凭证

可先把计算机系统上的有关资料打印下来，包括：

(1)配件号码。

(2)配件名称。

(3)库存位置。

(4)盘存记录凭单。记录凭单是印好的空白表格，用来记录计算机中登记的库存，以及计算机中和盘存记录上没有登记的额外项目，或者用来记录损坏或弄脏了的项目。

4. 检查项目

盘存表的项目必须和计算机系统中的项目相符，要用盘存计件表来核对货架、托架上的所有项目。还没有列入计算机系统的项目要登记在盘存记录凭单上，作为额外项目。

5. 预点

(1)在最后一次进货后就可以预点，这样才能够在最后盘存时节省时间。

(2)预计在盘存过程中可能会用到的配件应尽可能放在最后清点，以备取用。

(3)数量较多的配件，清点过程中每隔一定数量可夹进一张纸条作为记号，所有经过清点的配件应在清点后用标识注明。

6. 做好工作分配计划

(1)参加盘存的工作人员必须是内行。一定要由配件经理及配件工作人员来进行，必要时也可请其他的工作人员来帮忙。所有的清点工作尽可能在 24 小时内结束。每一个配件要数两次，核对一次(抽检)。所以要计划好需要多少工作人员。

(2)清点人员不需要特别的专业知识，但必须绝对负责可靠。

(3)清点时每两人编一组，清点人员各负责仓库内的一块区域，清点的工作量最好分配到大家能够同时完成。

（4）一个清点组还要有一位熟悉配件的工作人员来负责验收清点成果,主要是抽样核对点数的正确性。

（5）和领导商量定下盘存时间,最好在周末或夜间进行,尽可能减少对正常营业的影响。

（6）向工作人员解释盘存步骤,要让他们了解必须对清点结果负责。如果参加人数较多,要明确划分责任区域,最好按照货架组或仓库位置区分,每个人都必须清楚他所要点数、测量、称重的所有配件品种。

7. 在配件仓库进行盘存

最终存货清点登录的进行最好能够不受干扰,不同时营业,以免影响到盘存的正确性。在歇业状态下盘存时,要关闭仓库及计算机系统,不再进、出货,只有在最紧急需要时才允许出货。顾客也会体谅因盘存而歇业是必要的。

8. 盘存工作

从盘存开始到结束之间的进货凭单要收集起来,并且都盖上未经盘存的图章,直到盘点结束后才将其录入到计算机系统。在特别紧急的情况下,必须在盘存中出货,要将材料提用单的一联很明显地放在配件货架上,清点人员把这个凭单当作配件一样来清点,并将凭单上的数量加入该项目总数中。在点数时要特别小心,不要重复也不可遗漏。

存货数量分别清点两次,如果结果不符合重新清点。无法点数的配件要予以测量或称重,例如电线要量它的长度,开封的润滑油要称其质量。清点不便的小配件不能放成一叠,可以用称重的方法求总数:先数出一定量的配件作为样品件,仔细称出样品件的质量,再称这项配件存货的总质量,然后就可以很容易计算出这项配件的数量。计算公式如下:

$$总数 = \frac{总重}{样品件质量} \times 样品件数量$$

所有预先清点过的及备用未预先清点的配件总数加起来,只登记其总数。存放在其他位置的同一种配件也都包括在这一个数字里(包括所有存放在门市部柜台、橱窗或手边货架上的配件)。每一个项都要数两次,各由不同人员清点。点好的数量要登记在计件表登记栏内,如果没有存货应填"0"。负责核对的人员要抽检清点数量,核对结果与两次清点的结果如果相符,即可认为该组的盘点工作基本正确,验收通过。每一个清点人员要在盘存计件表上签名,并写上日期。不可以有未经签字的或没有日期的盘存计件表。

9. 盘存结果

必须依据规定,经过领导、配件经理、配件工作人员、会计共同讨论,定出价值(在数量上再写上价格或价值)。完成后(写上价值的)盘存表必须由配件经理、会计主任和站长共同签字。最后,所有盘点凭证送交存档,包括已核对价值的盘存表。针对数量有出入的项目应单独列入误差表中,在系统中生成对应的盈亏单并完成报损报溢。仔细查找误差产生原因,这样才可以消除错误的来源。

第四节　汽车配件的销售

一、接待与拜访客户

我国汽车配件市场按用户类型,可以分为"生产型"企业、"非生产型"组织、个体运输户等细分市场;还可分为民用、军用两个市场。军用汽车要求质量绝对可靠、供货及时,但对价格却不太在意;民用汽车则要求质量上乘,服务良好,服务周到,价格适中。了解清楚客户类型以便针对客户开展行之有效的促销工作。

销售员还必须收集有关目标客户的信息。收集信息的渠道可有多条。其中,人际关系是一条重要渠道。一个精明的销售员要善于利用人际交往这一手段,主动与别人会晤,听旁人谈话,在交谈中,针对自己想要知道的客户信息去请教别人,以获得必要的销售信息。销售员想通过人际关系的渠道,收集到有价值的客户信息,重要的是真诚待人、广交朋友和积极参加各种社会活动,尤其是与目标客户有一定关联的朋友,更要与之多联系。

二 商品价格与咨询

1. 介绍商品质量、性能和价格

销售员应主动热情地向客户介绍配件的产地、适用车型和价格。

2. 对所销的主要汽车配件通用互换原则提供咨询

随着汽车工业的发展,汽车保有量不断增加,车型的发展变化亦非常快,这使得汽车配件种类更加繁杂,给汽车配件销售部门在汽车配件的采购、经营方面带来许多困难。但尽管汽车配件种类繁多,却在一定范围内具有互换性,还有的稍加改进就可以互换、代用。有的单位因缺少某一汽车配件而使车辆不能使用,有的修理厂在修理过程中因购不到该车的维修配件而使修理中断,造成较大的经济损失,这都是不了解汽车配件互换性的缘故。作为汽车配件销售人员,有必要掌握一些配件互换性方面的知识,以便更好地服务于顾客。

(1)汽车配件互换性和代用的概念。

在汽车维护、修理的过程中,经常需要更换零配件。对某一零件而言,它们当中的任何一个在装配时都可以互相调换,而不需要补充加工和修配,就能达到所要求的质量,满足使用要求,零件所具有的这种性质,称为互换性。

汽车配件的代用可以理解为部分互换性。装用代用配件的汽车经常出现两种情况:一是装用代用品后,部分改变了原来汽车的某些技术性能;二是装用某些代用品时,需要补充加工和修配,然后才能使用。在使用性能上可能维持不变,或有少许变化。

(2)汽车配件通用互换时的注意事项。

某一零件具有互换性的条件是:零件的材料、结构形式、尺寸及尺寸精度和公差等级、表面粗糙度、形位公差、物理机械性能(热膨胀系数、强度、硬度等)及其他技术条件都应相同。

同一系列车型的主要零配件,特别是易损件,经常具有互换性。如一汽大众的捷达轿车和上海大众的桑塔纳轿车的活塞、活塞环、汽缸垫、前制动盘等零部件就可通用。因为它们引进的都是德国大众汽车公司的技术,甚至是相同的进口元件。

有些汽车配件的外形很相近,但却没有互换性。如为同一车型上的配件,它们的配件编号一定不同。选购时一定要仔细分辨其细微差异或标记,严禁混淆。

汽车车身附件和发动机附件为典型的可通用互换配件。一般情况下,同一厂家生产的同一系列车型该类配件基本可以通用。即使是不同厂家生产的同类型汽车,该类汽车也具有较大的互换可能。具体咨询时,可查阅相关的该类配件的通用互换手册。

由于汽车种类很多,汽车配件类别繁杂,作为汽车配件的销售人员除必须牢记一些汽车配件所能通用的车型外,还须学会查阅各种汽车配件目录和配件通用互换手册,以便更好地为顾客服务。

三 向顾客介绍企业售后服务政策

现代汽车市场竞争越来越激烈,汽车配件市场亦不例外。随着各大汽车公司技术水平的不断提高和生产设备的不断完善,汽车产品的性能几乎趋于一致,产品的质量几乎趋于一致,产品的价格也在趋于一致,结果导致市场竞争的焦点都在向产品的售后服务方面转移。因此,企业售后服务工作的好坏,直接影响到产品的市场占有率。

销售人员在介绍商品的同时,既要全面介绍企业的售后服务政策,以吸引客户购买。同时,也应将一些注意事项交代清楚,以避免日后产生纠纷。

四 商品交付

顾客在选购汽车配件过程中,比较关心有关配件使用方面的知识。汽车配件销售员掌握的配件使用知识越全面,就越能使顾客满意。掌握配件使用知识是对汽车配件销售员的基本要求。

汽车配件使用知识涉及面广,它包括以下内容:
(1)配件名:正式的配件名称如何称呼?有无偏名?有无学名?
(2)用途:谁是主要使用者?有何用途?有无其他特殊用途?
(3)使用方法:如何使用此配件?
(4)养护:如何储存?如何维护?特别注意事项是什么?
(5)材料:使用何种材料?材料有何特点?
(6)质量:品质如何?强度、耐久性如何?有无试验结果?
(7)时尚:有无使用这种配件的名人或公司?总的市场销售情况如何?

汽车配件销售员不仅自己要熟练掌握配件使用知识,还应针对顾客的询问,把汽车配件的功用及使用方法详细地向顾客介绍。有时还须作示范,或让顾客亲自试用,并可给顾客分发一些有关产品使用方面的小册子、说明书或宣传碟片。如果汽车配件的使用过程比较复杂,还可开办专门的培训班。

顾客购买汽车配件,一般对汽车配件质量有一定要求。因此,销售员应对汽车配件的产地、质量、特点等有较深的了解,积极如实地向顾客介绍,以满足顾客的要求。同时,有关质量保修的规定,也是顾客十分关心的问题。销售员也应向顾客详细介绍有关质量保修的规定,如质量保修的年限、承保范围、费用分担等问题,还可向顾客发送质量保修卡。

第五节 汽车配件的售后服务与保修索赔

一 汽车配件售后服务的概念

售后服务是泛指客户接车前、后,由汽车销售部门为客户所提供的所有技术性服务工作。它可能在销售前进行(如整修车辆等),也可能在销售中进行(如车辆美容和按照客户要求即时为用户进行的附件安装和检修,以及根据企业的需要为客户所进行的培训、发放技术资料等)。但更多的是车辆售出后,按期限所进行的质量保修、日常维护、维修、技术咨询以及配件供应等一系列服务工作。

售后服务是营销策略中不可分割的组成部分和销售工作的重要支撑条件。售后服务的范畴尽管是宽广的,内容是多方面的,但无疑它意味着为用户提供实实在在的好处,能够真正地为用户解决后顾之忧。也就是说,售后服务的功能应当覆盖到能够为用户想到的一切技术服务内容,通过服务使用户用好汽车产品,把在实际生活中遇到的问题和信息及时反馈到原汽车企业,使汽车企业及时改进其中的不足,增加产品的市场竞争力,为企业创造最好的效益。

二 汽车配件售后服务的主要工作

分析总结汽车企业的成功经验,售后服务工作的开展应该包括以下内容:

1. 建立售后服务网络

由于汽车产品使用的普及性、销售的广泛性以及产品技术的复杂性,单凭汽车厂商自身的力量,是不可能做好售后服务的,必须建立一个覆盖面广、服务功能完善的售后服务网络,实行 24 小时免费呼叫,才能快捷、高效地满足用户的要求,实现全方位服务。经验也表明,用户提出售后服务要求时,制造商不要去直接面对用户,而是推出中间代理商,由他来协调双方的意见。因此,国外各大汽车公司,都在组织一个十分庞大的服务网,遍布主要汽车市场的城市和乡村,这个网络将代表生产厂家完成为用户的全部技术服务工作。

例如,法国的雷诺集团在欧洲有一级销售网点约 2500 个,二级网点约 5 万个;雷诺轿车公司在法国约有 8000 个售后服务点,4 万多名雇员,在国外约有 1 万多个销售及服务网点,5 万名雇员。

2. "迎送问追"业务流程

(1)迎——仓储管理人员对待客户做到主动、大方、自然、热情、微笑。

常用话术如下:见客户在交完款后要马上迎上去,主动接单,"您好!请稍等,我马上给您提货"。提完货后,"您好!请您点货"。——与客户核对清点,待客户核对清楚后,将货装袋打包。如客户带车来,要将货物送到车上,"谢谢!请慢走"。

(2)问——仓储管理人员对待工作做到热情、认真、细致、清楚。

具体流程如下:迅速、准确提出客户所购配件后,当面清点检查,特别是玻璃、塑料件、灯具等易损配件,一定要开箱让客户检查清楚。如有个别配件不对,一定详细再问清楚,然后将客户引领到营业员开票处重新处理。

(3)送——仓储管理人员对待客户做到热情、真诚、满意。

常用话术如下:提完货后,"您好!请您点货"。——与客户核对清楚,待客户核对清楚后,将货装箱打包并装车,"谢谢!请慢走"。

(4)追——仓储管理人员对待客户做到及时、忠诚、满意。

妥善处理客户的抱怨,对客户质疑有质量问题的配件,实行先调换或先退货,再办理手续的办法,手续简便、迅速。

3. 建立客户档案，进行跟踪服务

（1）建立客户档案。建立客户档案直接关系到售后服务的正确组织和实施。客户的档案管理是对客户的有关材料以及其他技术资料加以收集整理、鉴定、保管和对变动情况进行记载的一项专门工作。

①档案内容必须完整、准确。

②档案内容的变动必须及时。

③档案的查阅、改动必须遵循有关规章制度。

④要确保某些档案及资料的保密性。

客户档案的主要内容为客户名称、地址、邮政编码、联系电话、法定代表人姓名、注册资金、生产经营范围、经营状况、使用状况、与销售企业建立关系时间、往来银行、历年交易记录、联系记录等。

（2）保持与客户的联络、维持客户关系。建立客户档案的目的在于及时与客户联系，了解客户的要求，并对客户的要求做出答复。应经常查阅一下最近的客户档案，了解用户汽车和配件使用中存在的问题。与客户进行联络应遵循以下准则：

①了解客户的要求。应了解客户的汽车及配件有什么问题，或者客户想干什么。

②专心听取客户的要求并做出答复。

③多提问题，确保完全理解客户的要求。

④总结客户要求。完全理解了客户的要求以后，还要归纳一下客户的要求。可以填写"汽车用户满意度调查表"或电话采访客户等。

4. 满足用户的配件供应

配件供应是售后服务工作的主线。一辆汽车由几千个、上万个零件组装而成，汽车在使用中，都会有对配件的需求。

（1）配件供应需求量的预测。配件供应的需求量要进行科学的预测，既能满足用户需求，又不至于出现大量积压而占据仓库容量和资金。零件消耗量的测算从两方面进行：一方面就每一地区在用车数、汽车平均行驶里程、当地汽车的使用特点，对多个地区的资料进行综合取平均数，可以得出某种车型某种零件的每100辆车的年消耗量；另一方面是配件供应部门的某种零件的年实际供应量。大量积累各年该零件的市场需求量，取相邻三年的平均数得到中间一年的年当量平均值，取所有年当量平均值的总平均值，即为比较准确的年预测需求。资料越多，综合预测的值越具有一般性，也就越准确。此项预测的结果应该由技术服务中心结合各地的实际消耗情况予以补充，经过综合处理，得到正式的备品消耗值。最终的预测结果可以为零部件的生产厂家、技术服务站等提供生产和经营依据。

（2）配件供应的网络化。由于配件运输的难度较大，为保证售后服务网络、配件营销、用户的配件需求，配件的供应也要实现网络化。以生产基地作为中心库，在全国或地区的交通、通信发达地区和企业产品集中销售的地区建立配件分库，各分库的进货、储备、发货受总库指挥，向辖区内的服务网点供货。日本丰田汽车公司配件供应的做法就很值得借鉴。

5. 汽车产品的质量保证

质量保证是汽车售后服务工作的核心内容。它带有极强的政策性和技术性。用户有《产品质量法》《消费者权益保护法》等政策、法律的保护，有国家技术监督部门的技术监督和社会舆论的保护,使得企业的生产经营活动必须遵守有关的法律和法规,并接受社会舆论的监督。从技术方面看,汽车的复杂性使得其故障和事故后的状态千差万别,故障和事故的责任认定没有一个明确的界线,交通管理部门和技术监督部门很难简单地用法令的形式来处理,往往会出现用户和企业或经销商纠缠不清的现象。西方国家目前都采取强制车险的办法,这样,一般行车事故都由保险部门统一受理,减少了对企业的纠缠。在所有企业的质量保证管理规定中都明确,只对企业本身质量原因的直接损坏零件赔偿,不负担相关损失赔偿,并保留最终技术仲裁权。汽车产品的质量保证是企业吸引用户购买产品的一个重要手段,在实施时应注意以下3个方面:

(1)准确。即对用户反映的情况,必须先经过核实,然后再做出处理。也只有在此基础上,才能向企业反馈回可靠的质量信息,以利于企业对产品的设计或生产迅速进行改进。

(2)快速。这样可以尽量地缩短用户等待的时间,使用户的损失降低到最小,也使用户不快的心理得以缓和,增强对企业和产品的好感。

(3)宽厚。如果是产品有质量缺陷,生产企业就有责任帮助用户恢复产品的技术功能,使用户免于承担损失,同时也维护了企业和产品的信誉。

在汽车产品的质量保证方面,日本丰田公司的做法应该是值得借鉴的。丰田公司总是在新车型投放市场3个月之内,便迅速了解该车的使用及质量情况。在此期间,卖出的车辆如发生故障,则全部免费修理。必要时,在车辆修理期间,可供给用户代用车,费用全部由公司承担,尽可能不损害用户的利益。从1967年起,丰田公司率先在日本将新车型的保证期定为2年或5万公里。也正因如此,丰田公司在全世界获得了广大的市场。

6. 进行技术服务

随着科学技术的发展,汽车产品已经成为高、精、尖技术的代言者。汽车企业首先要对技术服务人员和商业人员进行培训,内容涉及介绍讲解汽车的技术性能、维护知识等,然后通过售后服务网络对用户进行技术培训、技术咨询、技术指导、技术示范等。现代汽车养护越来越受到重视,售后服务部门应具备足够的专业人员来从事汽车的养护工作,并应定期提醒客户进行汽车维护,以改善汽车的使用状况,为用户带来实惠。

7. 塑造企业形象

售后服务部门是企业的一个窗口,是企业形象的直接体现。售后服务部应该建立统一的企业形象标准,如悬挂汽车企业的厂徽、厂标、厂容、厂貌的标准化、统一化,色彩、着装的标准化,厂房、厂区建设的规范化和设备的标准化以及管理的规范化等。

由于汽车使用的复杂性,致使售后服务部门涉及的业务范围很广,如道路交通管理、保险、税务、工商、银行业务以及其他的零部件制造业等,售后服务部门必须在这些领域广泛开展公共关系活动,以保证售后服务工作的顺利进行。在与用户交往上,应该选用有丰富的技术知识和良好人际交往能力的人做业务接待。

售后服务虽然属于服务性的工作,但它与普通意义的"服务"不同,因为它有很高的技术含量。如果一个业务接待员不具备技术知识,就很难赢得用户的信任,也直接影响了客户对企业的信任,而这一点对企业是至关重要的。另外还要加强其他售后服务工作人员的教育管理和业务培训,使他们从心理上真正地把用户作为上帝,为用户提供及时、快捷、周到、热情的服务,在用户心中树立一个良好的企业形象。

三 汽车与配件的保修索赔

保修索赔是针对客户汽车产品在质量担保期内发生损坏，由特约维修服务站为客户进行免费维修，并由汽车制造厂商售后服务部结算特约维修服务站费用的一种服务方式。索赔内容包括车辆正常索赔的材料费、工时费、外出救援的拖车费等费用。出色的保修索赔工作是营销和售后服务赢得市场的重要手段。

（一）保修索赔概述

1. 保修索赔工作的内容

（1）受理用户索赔要求，并向企业反馈用户质量信息。售后服务网络是第一线受理索赔，做出赔偿决定，而后由售后服务部总部赔偿，鉴定科对赔偿进行复核，然后综合分析，向企业的设计、生产、销售等部门反馈质量动态和市场趋势等信息。

（2）汽车召回。所谓召回制度，就是对已经投放市场的汽车，如果发现由于设计或制造方面的原因，存在缺陷或可能导致安全、环保问题，生产厂就必须及时向国家有关部门报告产品存在的问题，并提出申请召回。一些企业为了树立和维护自己的形象，对于因质量缺陷而导致的质量隐患会积极主动地提出召回。神龙汽车公司于2001年6月12日宣布，紧急召回在重庆销售的2000年10—12月出产的所有款型富康车。汽车召回制度，在国外，如美国、日本、加拿大、英国、澳大利亚等实施得较早；在国内，《缺陷汽车产品召回管理规定》于2004年3月15日正式发布，2004年10月1日起开始实施。

2. 公司产品保修索赔的内容

（1）整车质量担保期限。自购车之日起（以购车发票为准），按车辆所使用的时间或行驶的里程计算，以二者先达到为准。如雪佛兰科鲁兹1.6L自动豪华型整车质保期为三年或10万公里。

（2）特殊零部件的保修索赔期限。特殊零部件的保修索赔期是对汽车上一些特殊的零部件（如减振器、氧传感器、轮胎等）的担保时间。这些零部件的使用寿命相对较短，汽车制造商另行制定了保修期，比整车保修索赔期短。

（3）车辆出现故障，只有特约维修站有权受理质量担保申请，而且故障一旦出现用户应立即与特约维修站联系并由维修站排除。所发生的一切费用，均由维修站向汽车公司结算。

（4）对售出的汽车及配件进行质量担保。

3. 不属于保修索赔的范围

（1）车辆因为缺少维护或未按《保修保养手册》上规定的维护项目进行维护而造成的车辆故障，不属于保修索赔范围。

（2）车辆正常例行维护和车辆正常使用中的损耗件不属于保修索赔范围，如润滑油、机油和各类滤清器、火花塞、制动片、离合器片、灯泡等。

（3）车辆不是在汽车制造厂授权服务站维修，或者车辆安装了未经汽车制造厂售后服务部门许可的配件，不属于保修索赔范围。

（4）用户私自拆卸更换里程表，或更改里程表读数的车辆（不包括汽车特约销售服务站对车辆故障诊断维修的正常操作），不属于保修索赔范围。

（5）因为环境、自然灾害、意外事件造成的车辆故障不属于保修索赔范围，如酸雨、树胶、沥青、地震、冰雹、水灾、火灾、车祸等。

（6）因为用户使用不当，滥用车辆（如用作赛车）或未经汽车制造厂售后服务部门许可改装车辆而引起的车辆故障，不属于保修索赔范围。

（7）由于特约销售服务站操作不当造成的损坏不在保修索赔范围。同时，特约销售服务站应当承担责任并进行修复。

4. 客户质量索赔及处理

质量保修应由专人负责，质量保修专职人员（索赔员）的任职条件及工作职责如下：

（1）索赔员的任职条件。对质量保修有正确的认识，对工作认真负责；熟悉掌握质量保修工作业务知识；具有三年以上的汽车维修实际经验，具有对汽车故障进行检查和判断的能力。索赔员需经培训合格，并发给合格证书才能正式进行工作。

（2）索赔员工作职责。对待客户热情、礼貌；对每一辆属于质量保修范围的故障车辆进行检查，并做出质量鉴定；严格按质量保修条例为用户办理质量保修申请；严格按有关规定填报技术信息，及质量保修的有关报表、报告，并按要求提供索赔文件；主动搜集并反馈有关车辆使用的质量、技术信息；积极向用户宣传质量保修政策，为用户提供使用、技术方面的咨询服务。

5. 收集产品使用质量信息

故障报告是获得使用质量信息的最重要来源，能准确地反映情况，并且信息反馈速度快。通过维修站获取质量信息是最为简便快捷的方法。这些反馈信息通过分析和总结，将有助于供货厂家对产品设计做出更改或是在售后服务领域内采用新的故障解决办法。所有的质量问题应按要求填写故障报告，并按规定时间与供货厂家联系。在填写故障报告时，作为证明应将损坏件保存起来，这是为了尽快找出损坏的原因。

（二）保修索赔流程

1. 提出索赔需求

维修车辆在质量担保期内，由于明显故障需要进行维修的，客户通过前台 SA 提出索赔需求；如果车辆是在检修过程中发现的维修项目，则由车间技术人员提出索赔需求；厂家有召回行动的，索赔员须按照厂家的召回要求，结合公司的提醒制度，制定预约提醒计划交给服务经理，并在电脑系统中制作预约单。前台 SA 根据预约提醒计划进行预约提醒。厂家有服务行动的，索赔员根据厂家服务行动要求在电脑中制作预约单，由车间技术人员提出索赔需求。

2. 审核索赔条件

前台 SA 或车间班组长根据厂家的报修政策，初步判断所提出的索赔需求是否符合保修原则。对于不能明确判断的，向索赔员提出索赔条件审核等需求，由索赔员负责审核索赔条件。

对于不属于索赔的维修项目，前台 SA 向客户说明解释原因，并邀约客户按照常规维修标准对车辆进行维修。

3. 填写索赔报告单

车间技术人员仔细对车辆的故障现象进行分析和判断，提出索赔维修方案，并且严格按照单据填写要求填写维修检查报告单（索赔）。车间主管负责对维修方案审核，并在维修检查报告单（索赔）上签字确认。

4. 索赔审批

对于单个维修项目大于一定金额的(金额小的由 4S 店定),索赔员按照厂家要求填写保修申请单和保修报告进行申请审批。并负责对审批的及时跟进,根据反馈结果对维修检查报告单(索赔)进行批复,将批复结果反馈给前台 SA。

5. 索赔维修/结算

前台 SA 根据已经审批了的维修检查报告单(索赔),查询配件的库存后,在电脑系统中生成系统单,并将系统单号注明在维修检查报告单上(索赔)。前台 SA 与客户一同确认索赔维修项目,并负责将客户已经签字确认的维修检查报告单(索赔)交给技术人员进行领料以及维修操作,将维修检查报告单(索赔)索赔联交给索赔员进行索赔资料整理。

6. 索赔资料/申请的整理

车辆维修结算的当天,索赔员对发生的索赔业务汇总到本月的报修报告汇总表,并整理、装订和归档。已经结算车辆的维修检查报告单(索赔)、索赔未结算单、索赔结算单和附有技术报告的报修申请单。每月最后一周,整理、装订和归档服务站保修费用汇总表、已经批复的索赔差异报告和保修报告汇总表。

7. 递交索赔申请/运转旧件

索赔员定期将本期产生的报修报告汇总表交给客户中心的负责人进行索赔业务的申请,并且根据客户的要求负责运送或准备相应的索赔旧件。同时,索赔员要将本期产生的报修报告汇总表抄送给服务经理、服务部经理和财务会计。

8. 厂家审核/批复

索赔员对客户批复的报修报告汇总表进行核对,并对有误的保修申请单,整理后重新申请,请求客户重新审核、批复。如果批复结果存在差异或拒绝赔付,索赔员定期将其汇总后报告服务经理,服务经理查找原因后提出索赔差异处理报告,经服务部经理核准报公司总经理批复。

9. 索赔回款

索赔员将核对后的并且签字确认了的服务站保修费用汇总表交给财务会计,财务会计根据服务站保修费用汇总表的金额向厂家开发票,申请索赔款。

四 配件索赔

配件索赔是经销商向配件科或分中心向配件科订购的配件,在提、收货现场、入库清点、发货使用时发现配件有数量问题、质量缺陷或其他符合索赔范围的问题,都可向配件科、分中心提出索赔申请。配件索赔的因素及期限见表 5-2。

配件索赔的因素及期限 表 5-2

索赔因素	索赔说明	索赔期限
多供货	实发配件数量多于交接清单配件数量	无
少供货	实施配送的钣金件、保险杠等散件,玻璃制品、灯具、仪表盘等易损、易碎件,贵重物品和货运回单上所有要求抽查的配件数量少于交接清单配件数量	即时
	其他配件的数量少于交接清单配件数量	到货 3 个工作日内

续上表

索赔因素	索赔说明	索赔期限
配件质量缺陷	不能达到正常使用要求的零公里零件（如尺寸偏差、颜色偏差、功能失效等）	180 天内
损坏	实施配送的钣金件、保险杠等散件、玻璃制品、灯具、仪表盘等易损、易碎件，贵重物品和货运回单上所有要求抽查的配件和配件装载容器的装载质量应当场交接清楚；如有索赔，应保留交接双方认可的求证依据	即时
	其他配件存在损坏	到货 3 个工作日内
错件	收到的配件与订购的配件号码一致，但实物不一致	到货 3 个工作日内
	收到的配件与订购的配件号不一致	到货 3 个工作日内
其他	不属于以上索赔因素的索赔	到货 60 天内

五 配件索赔程序

（1）经销商如有配件索赔要求，应在企业在线订货系统中填写《配件索赔申请处理单》（如遇系统故障可传真），并在规定时间内上传至相关的分中心或客户服务部并保持电话联系。需递交索赔实物的配件应无尘、清洁、无锈，原包装完好，挂上零配件索赔标签，并正确填写其中的内容，交相关分中心。在线递交索赔申请的方式前提是必须在系统中电子签收货运单，并生成签收单后，针对某一签收单中的某一个配件在线递交索赔申请。

（2）各配件分中心索赔负责人员处理在线递交的索赔申请单（包括照片等附件）过程中，可以根据具体情况，有权以其他方式进行索赔材料的取证（实物等）；使用 POMS 在线递交索赔申请的方式，索赔有效期的起始日期以维修站在 SVW-2 系统中签收电子货运单日期的下一工作日为准。

（3）不索赔范围：非企业订购的配件；未挂上索赔件吊牌；经销商自行提货造成的配件数量短缺和损坏问题；因经销商装配使用不当造成的配件质量问题；经销商仓库防护不当、过保质期、生锈的配件；经销商将配件装车并交付用户使用后发现的配件质量缺陷（非零公里配件），应按照整车质量担保流程处理；超过上述索赔期限的索赔申请将视为无效，不予处理。

（4）分中心和客户服务部对《配件索赔申请处理单》及索赔配件进行原因调查、责任认定和分析处理；收到部门对于来自经销商的《配件索赔申请处理单》等信息一般应在 2 个工作日之内通过在线订货系统给予相应反馈意见；如需递交索赔配件实物的（一般由原承运商带回），则一般应在实物收到后 2 个工作日之内给予相应反馈意见，但需会同其他部门鉴定分析的索赔配件也会给予经销商预计处理完毕的时间。

（5）对不符合索赔范围的索赔配件应说明原因，予以退回；对符合索赔范围的配件，分中心索赔员和客户服务部办理相关手续后给予补发或调换。各分中心、索赔处理人员在完成配件索赔申请处理并经经销商予以确认后，本次索赔申请视为完成。如经销商对索赔处理存有异议，应在收到回复后的 2 个工作日内向配件物流管理科申请仲裁，超过将视为无效。

（6）经销商产生的索赔配件由配送车辆随车带回各相关分中心、客户服务部进行核查与处理，超过一定时间未返回索赔件的则视为放弃索赔。对于向经销商理赔的索赔件，由配送运输部门根据经销商最近的配送订单随车负责送达，配件索赔原则上实行以物易物形式。

（7）由第三方实施配送的索赔，配送运输方负责按《配送管理规定》操作要求进行相关的交接清点，并在发生可预见索赔需求时，交接双方做好确认记录和依据，以作为事后索赔证据。

（8）由经销商自行委托第三方运输单位托运的配件，经销商应当及时验收；如发生配件运单所记录的项目、数量与实物不符、质量损坏，按双方签订的有关委托运输条例协商解决。

六 旧件（索赔件）管理

汽车制造厂商为了加强对汽车维修服务站维修质量的管理，便于进行产品质量跟踪的目的，要求各汽车维修服务站对更换下的三包旧件分类回收，大部分旧件要返回汽车制造厂商。

1. 旧件（索赔件）管理流程

（1）旧件（索赔件）验收。

对于归厂家所有的索赔件，在本项目维修拆检完成后，由承修本项目维修的主修技师负责将索赔件清理、包装好，并附填写合格的索赔管理卡一起返给配件仓库，配件仓库管理根据索赔员签署的维修检查报告单（索赔）进行核对验收。验收合格后，配件仓库管理办理索赔需要新配件的领用手续。

（2）旧件（索赔件）入库。

索赔员每天与配件仓库管理员进行当天的索赔件及索赔管理卡的交接工作。索赔入库时，索赔员做好入库的电脑记录工作。

（3）旧件（索赔件）保存。

索赔件要按照厂家要求的保存期限进行保存。索赔件在库时，要做好分类保管工作。做到指定库位存放指定索赔件，索赔件在库数量、电脑记录数量和实际发生索赔单数量相一致。索赔件的借用遵照配件借用流程执行，并对借用有电脑记录。

对于厂家已经明确无须回收的索赔件，索赔员负责将其转交旧件管理。

（4）旧件（索赔件）转运/销毁。

索赔员根据厂家要求，制定索赔件转运或销毁计划，服务经理签字确认后，索赔员负责索赔件的转运或销毁件的现场销毁。索赔件出库时做好记录工作。

2. 旧件（索赔件）的验收工作

（1）旧件无标签或标签书写不规范的，视为无旧件回收。

（2）旧件标签与《维修旧件发送装箱单》《保修材料回收统计单》填写不一致，视为无旧件回收。

（3）对于旧件中未按规定自行拆装、缺件，或电气零件被剥线，插接件破坏，仪表、ECU壳体损坏等旧件，视为无旧件回收。

（4）对于回收的旧件中，非生产厂家核定的配套供应商提供的零件，一律按无旧件回收处理。

（5）旧件回收发现未经批准的市场采购零部件，视为无旧件回收。

（6）对于同一总成件混装不同配套供应商产品的旧件，或总成件缺件、少件的旧件皆为无旧件回收。

(7)故障现象不明,或故障类别与旧件实际故障明显不符的,视为无旧件回收。

(8)由于4S店判断失误造成旧件不能向配套单位索赔的,根据配套单位提供的名单,由技术服务处将相应损失从服务商保修费中扣除。

本章小结

(1)根据我国汽车配件市场供应的实用性原则,汽车配件分为易耗件、标准件、车身覆盖件与保安件4种类型。

(2)汽车零部件总共分为发动机零部件、底盘零部件、车身及饰品零部件、电器电子产品和通用件5大类。根据汽车的术语和定义,零部件包括总成、分总成、子总成、单元体和零件。

(3)VIN码一般以铭牌的形式,装贴在汽车的不同部位。VIN码常见的位置有:仪表板左侧、前横梁、行李舱内、悬架支架上、纵梁上、翼子板内侧及直接标注在车辆的铭牌上。

(4)汽车配件销售企业的仓储管理,就是以汽车配件的入库、保管、维护和出库为中心而开展的一系列活动,具体包括汽车配件的入库验收、保管、维护、发货、账册、单据与统计管理等工作。

(5)仓库的组成要素包括库存的专业知识、仓库、仓库设备、库存系统。

(6)入库验收的程序包括:验收入库、数量的验收、质量的检验、商品入库后的货物定位、办理入库交接手续。

(7)库存原则包括高效原则、经济性原则、整洁性原则、安全性原则、先进先出原则、特殊配件储存原则、危险品储存原则。

(8)汽车配件的出库程序:审单、发货、核对交接、包装发运。

(9)汽车配件仓库盘存的步骤:仓库大扫除、建立秩序、准备盘存工具、检查项目、预点、做好工作分配计划、在配件仓库进行盘存、盘存工作、盘存结果。

(10)汽车配件销售的工作流程:接待与拜访客户、商品价格与咨询、向顾客介绍企业售后服务政策、商品交付。

(11)汽车配件售后服务的主要工作内容包括:建立售后服务网络;"迎送问追"业务流程;建立客户档案,进行跟踪服务;满足用户的配件供应;汽车产品的质量保证;塑造企业形象;进行技术服务。

(12)汽车配件保修索赔的工作流程。

一、填空题

1.由_____、_____或它们之间的任意组合,而构成一定装配级别或某一功能形式的组合体,具有装配分解特性的部分,称为总成。

2.VIN码由三个部分组成:第一部分,_____;第二部分,_____;第三部分,车辆指示码(VIS)。

3. 商品入库要坚持四定位、五五堆放、过目知数、_____的原则。

4. 质量轻、体积较大的配件应_____存放。

5. 质量担保期限,从领取行车证之日起算,为期_____个月,或车辆行驶累计里程_____km 内,两条件以先达到的为准。

二、选择题

1. (　　)由零部件之间的任意组合,而构成具有某一功能特征的组合体,通常能在不同环境下独立工作的部分。

　　A. 总成　　　　　　B. 零部件　　　　　C. 单元体　　　　　D. 分总成

2. (　　)是针对某些特定项目所采用的专用订单,除提供必需的配件号及数量外,还需提供 VIN 代码、申请表、照片等。

　　A. 常规订单　　　　B. 紧急订单　　　　C. 直送订单　　　　D. 定制订单

3. 下面(　　)不是专职索赔员的主要工作。

　　A. 保修索赔　　　　　　　　　　　　　B. 免费维护

　　C. 质量信息反馈　　　　　　　　　　　D. 技术服务

三、判断题

1. 选择配件供应商可进一些非名牌厂家的产品,可按 A、B、C 顺序选择。　　(　　)

2. 配件订货追求的目标是:"良性库存"。　　(　　)

3. 同一系列车型的主要零配件,特别是易损件,经常具有互换性。　　(　　)

四、简答题

1. 简述汽车发动机、底盘、电气设备和车身的易损件。

2. 简述汽车配件的订货流程。

3. 盘存的目的、内容与步骤有哪些?

4. 仓库保管的原则有哪些?

5. 汽车配件保修索赔的工作流程是什么?

第六章 汽车与配件营销的商务活动

学习目标

1. 掌握汽车与配件营业场地布置的注意事项；
2. 掌握汽车与配件陈列的基本要求、方法和注意事项；
3. 掌握汽车与配件财务活动流程。

在汽车市场竞争激烈以及国内配件市场逐步规范的形势下，如何宣传产品，开拓市场，赢得客户青睐，取得良好的信誉已成为汽车与配件商务策划的重要命题，做好商务策划对经销商的生存和发展起着极其关键的作用。

第一节 商务活动场地布置

一、汽车与配件的场地布置

（一）汽车展厅的布置

1. 展厅外部设施

展厅入口干净有序、门岗运作良好、车行道畅通、交通循环畅通有序；室外品牌 LOGO 和立柱品牌 LOGO 与企业形象相称；立柱标、经销商招牌、营业时间牌完好干净无破损，方向指示牌干净完好，放于正确位置，方向指示明确；玻璃窗及落地玻璃干净，保持由外到内的透视度；展厅玻璃幕墙无粘贴、悬挂任何物料（指定横幅悬挂区域除外，另外为避免阳光直射造成的影响，玻璃幕墙可悬挂浅灰色的可卷窗帘）；展厅外正面玻璃窗前不摆放大型绿色植物，以免遮挡外界线；展厅外预留出充足的客户停车位及试乘试驾停车位，停车区有专人指导顾客停车，停车位划线注明"客户停车位"、"试乘试驾停车位"字样，且没有挪作他用；室外新车展示区保持干净有序、展示车辆干净且摆放有序；新车交付区确保该区域干净整洁且未被挪作他用；新车待交区整洁美观、安全规范。展厅外部设施如图 6-1 所示。

2. 展厅内部设施

展厅总体形象专业，家具展牌符合标准，地面以及地砖干净且维护良好，墙面和天花板干净完好；展厅墙面、地面无粘贴、悬挂任何物料（如确因促销活动需要且得到大区的允许，地面可设置临时性的地贴，活动结束后需立即去除并确保地面干净）；新设施展厅天花板不允许设置悬挂吊旗，老设施展厅吊旗干净且无破损；展厅入口地毯和除泥垫（雨天放置，晴天移除)符合标准且干净整洁;光源正常开启,色温以及亮度达到要求、灯管无损坏;展厅内通风良好、温度适宜,厅内摆设绿色观赏植物;营业时间内确保有背景音乐,背景音乐轻柔,展厅内提供三种以上的饮料供客户选择饮用(如茶水、可乐、雪碧等);车型目录齐全,数量充足,每种车型资料不少于20份(特别是在展厅举办活动期间,数量适当增加);资料的陈列根据展厅的实际状况进行多处陈列,并且与实车对应;新车发布区有展示车辆、展牌、灯箱正常工作,背景画片平整,生活画片内容和制作符合要求。展厅内部设施如图6-2所示。

a) 展厅外部

b) 室外停车区

c) 方向指示牌

d) 营业时间牌

图 6-1　展厅外部设施

a) 生活画片墙

b) 新车发布区

图　6-2

c）吊顶、地面、墙面

d）企业形象墙

图 6-2　展厅内部布置

3. 展车布置

展车摆放沿地面弧线车头向外，展车摆放尽量车系齐全，车型颜色不低于 3 种，且尽量摆放高配置车型；重点车展示台上布置当季首推车型或促销车型；展车的上方在营业时间内开启射灯以突出展示效果，车辆展示与当时促销活动相配合；展车前后使用统一规定的车型标牌，展车之间的距离以客户打开车门不受影响为宜，展车的右车胎旁放置标准参数，每车一个；车的前玻璃窗全开，后玻璃窗闭上，天窗外关内开，车门的门锁打开，方便客户看车；展示车辆干净亮洁，车窗玻璃干净明亮且没有手印；展车铝合金轮毂内外侧无灰尘、污渍，轮毂上的LOGO标志与地面水平，轮胎停放在专用轮胎垫上，车胎内外侧干净乌黑且有光泽；展车挡泥板内侧清洗干净、无泥浆污渍；发动机舱无油污、灰尘且有光泽，发动机罩内侧清洁无灰尘，刮水臂及流水槽清洁干净；行李舱内清洁、干净无杂物，备胎及其他附件状态完好，行李舱盖及流水槽干净无污渍；展车手套箱及其他所有储物格无灰尘和杂物，空调出风口干净，无灰尘；前排座椅调整至恰当的位置（椅背与B柱对齐），椅背成30°倾斜；展车车内干净无异味，座椅及车内的所有保护膜去除，安放专用脚垫，整理后座三条安全带；保持展车有充足的燃料及电能以保证随时可以演示车辆，车辆内所有功能设施能够全部正常打开、演示。展车布置如图 6-3 所示。

图 6-3　展车布置

4. 接待与洽谈区布置

接待区随时保证有销售顾问值班，接待台干净、整洁、无杂物，准备好展厅客流统计表、潜在客户记录卡、试乘试驾协议书（印有试乘试驾路线图）；拥有足够数量且状态完好的标准洽谈桌椅，随时根据客户数量增加座椅；客户洽谈桌上有充足的糖果（推荐用薄荷糖）、绿色植物和烟灰缸且桌面上无任何粘贴物，烟灰缸没有积垢、发黄。接待洽谈区布置如图 6-4 所示。

图 6-4　洽谈区布置

5. 客户休息与交车区布置

顾客休息区域地面木地板完好干净,桌上摆放鲜花、糖果和烟灰缸,绿色植物新鲜;客户离开后及时清理杂物,保持干净、整洁;顾客休息区域有三种以上的饮料可供客户选择,有当期的杂志和当天的报纸供顾客翻阅;上网区干净整洁,电脑工作良好;儿童玩耍区(如果场地空间允许)搭建在合适的位置,干净、整洁、安全;安放信息看板,通报当前最新的产品信息、服务信息和促销信息;接待台台面干净整洁,电话机状态完好且外观清洁干净;交车区标识明显且不能粘贴在墙上(以立牌方式为宜);新车交付流程图不能粘贴在墙上,以立牌或展架方式为宜;交车区保持干净、整洁、光线充足,交车区保持良好通风。客户休息室布置如图6-5所示。

图6-5 客户休息区

6. 人员着装及仪态

着统一规定制服,大方、得体,所有人员服装符合标准;制服、领带(或丝巾)保持干净,穿前熨烫平整,且西装系胸前纽扣;胸牌佩戴在左胸口袋上方;销售顾问不能佩戴有划伤和造成展车损坏的饰物。人员着装如图6-6所示。

图6-6 标准着装

男销售顾问:不留长发,且头发清洁、整齐、精神饱满;不蓄须,短指甲,且双手及指甲保持清洁;着黑色皮鞋,且保持干净、光亮,搭配黑色袜子。

女销售顾问:发型文雅,且梳理整齐(长发要盘发并扎有头花),精神饱满;化商务淡妆,且指甲不宜过长,并保持清洁;着黑色鞋子,且保持干净、光亮(不露脚尖及脚跟,搭配肤色丝袜,无破洞)。

7. 卫生间布置

保持明亮、干净、通风、无异味(可使用淡雅的空气清新剂);卫生间门干净,标识清晰,闭门器良好,卫生间内所有功能均能正常使用;卫生间地面、洗手台及镜面擦拭干净且没有积水;放置芳香剂、洗手液、烟灰缸(男厕)及绿色植物;仪容镜干净明亮,侧墙上安装纸巾盒或干手吹风机;清洁用具须放置在顾客视线之外的指定位置。卫生间布置如图6-7所示。

图6-7 卫生间布置

(二)汽车配件营业场地布置

经营汽车配件的营业场地并不需要太大的空间,但需要合理的布置。牌匾要醒目大方、标新立异;橱窗要洁净明亮、装饰新颖;配件、道具陈列以及背景和色彩搭配都要协调统一,给人以整体感。同时还应注意以下两点:

(1)要体现本店的经营特色,突出专营配件。结合本店的经营范围和特点灵活地运用一些方法,适当地做夸张处理,如在商店门口放置一个放大的配件模型来增强宣传效果。

(2)要在色彩、灯光和图案文字上突出宣传效果。以配件色彩为中心,注意冷暖色调的搭配,一定要衬出配件的主体地位,不要喧宾夺主。适当地运用灯光,例如小型霓虹灯,使配件显得高档;而保修、保退等售后服务项目可用文字、图案等形式突出表现,以增强客户对本店的信任。

总之,配件经营场地的布置既要体现经销商专业、诚信和务实的特征,又要能为顾客营造一个轻松愉快、充满信任的购物环境。

二 汽车配件的陈列

在配件销售中,经销商一般会将配件样品陈列出来,这样既能充分展示配件的特点,又能起到良好的宣传作用,从而达到促销的目的。

1. 汽车配件陈列的基本要求

配件种类繁杂,其陈列应满足一定的要求。

(1)醒目、美观、整齐。所销售的配件品种尽量摆全,摆放要整齐条理,多而不乱,杂而有序。

(2)库有柜有,明码标价。配件要随销随补,不断档、不空架,方便客户选购。

(3)定位定量陈列。为了便于选购、取放和盘点,配件陈列的数量和位置不要随意改动,以免混乱。

(4)分类分等,顺序陈列。按照配件的品种、系列、安装部位和质量等级等陈列,如油类、橡胶类和金属类分开摆放,方便客户选购。

(5)相关配件连带陈列。相关配件连带陈列,使客户受到提醒,有利于配套销售。配件陈列的主要道具有橱窗、柜台和货架等。橱窗多用于样品陈列,适用于规格不同、车型不同以及形状不同的某一类配件,如轮辋等,可突出专营配件的品种;柜台或货架适用于摆放小型配件,如火花塞、油封、传感器、修理包等;对于一些罐装的配件,如机油、清洗剂、制冷剂等也可放在货架上面排列起来,既省空间又具有广告效应;质量较轻的配件,如传动带、链条和软管等可挂在墙壁上陈列;而一些大型笨重的配件,如缸体、轮胎和蓄电池等可放在营业厅的空地上。总之,配件陈列要层次鲜明,主次分明,既要突出特色又要协调统一,布局合理。

2. 汽车配件陈列的方法

商品陈列的方法多种多样,但能应用到汽车配件经营企业中的有如下几种方式。

(1)橱窗陈列。这是一种综合性的陈列形式,是利用商店临街的橱窗专门展示陈列样品,一般大中型零售企业由专人设计造型陈列商品,是商业广告的一种主要形式。橱窗陈列一般适用于陈列某一类配件,如不同规格、不同车型、不同形状的轮辋、钢圈,或某一系列喷油泵总成等。这种呈现某一专题的陈列,可让顾客知道本店主要经营的品种。

(2)柜台、货架陈列。货架、柜台陈列也叫商品摆布。它有既陈列又销售、商品更换勤的特点。除无法摆上货架或柜台的商品外,其他商品均可用此法陈列。货架、柜台陈列是销售员的经常性工作,也是商店中最主要的陈列。汽车配件中的火花塞、皮碗、修理包等小件商品,较适合此种陈列方式。

(3)架顶陈列。架顶陈列是零售商店普遍采用的形式之一,它是在货架上面陈列商品。其特点是:占用空间位置,商品陈列的视野范围较高,顾客易于观看,有充当柜组"招牌"的作用。它适用于机油、美容清洗剂等商品的陈列。

(4)壁挂陈列。一般在墙壁上设置悬挂陈列架来陈列商品,适用于质量较轻的配件,如轮辋、传动带等。

(5)平地陈列。这种陈列是将体积大而笨重的、无法摆上货架或柜台的商品,在营业场的地面上设置陈列,特点是能充分利用营业场的空余地方。平地陈列适用于轮胎、蓄电池等配件,陈列时应因地制宜,摆放合理,陈列有序,留有通道,便于销售。

3. 汽车配件陈列的注意事项

(1)陈列层次。在处理商品层次上,要根据橱窗和柜台、货架的深度来考虑层次变化。一般说,小商品四五层,大商品三层就可以了,否则显得杂乱无序。要运用商品的数量、位置、大小、距离、穿插、交替、参差等手段变换层次,不能使顾客有"上仰"和"俯视"的不舒服感觉。同时要注意商品的前后层次,将体积较大的商品布置在后面,体积较小的布置在前面,前后可见,层次分明,鲜艳夺目。

(2)陈列的主次。处理好商品的主次关系、疏密与虚实、分组与整体的统一。布置橱窗柜台、货架里的商品,既要有重点,又要完整;既要多变,又要统一。

(3)陈列布局。要依据平面布置的实际情况和空间的大小来安排吊挂商品的高低。

(4)陈列道具的协调。要注意商品与道具的协调,背幕与整个橱窗和柜台、货架陈列的协调,色彩之间的协调。

4. 利用汽车配件陈列进行宣传

(1)在汽车配件组合上突出宣传效果。采用专题商品组合法,将本店经营的特色商品集中陈列,告诉客户本店的主要经营品种,吸引客户走进商店。采用特写商品组合法,运用概括、集中、典型的艺术手法突出宣传某一种商品品种,在造型、色彩上采用适当的夸张处理。比如在商店门口放置一个解剖的变速器模型等,可增强宣传的效果,以吸引客户的注意。当然,商品组合还有其他办法,关键是结合本店的经营范围与特色灵活地选用。

(2)在设计上突出宣传效果。在色彩、灯光和图案文字的设计上突出宣传效果。特别是橱窗设计时,色彩、灯光和图案文字的新颖合理设计,可达到意想之外的效果。在色彩设计时,要以商品色彩为中心,注意商品、道具、背景三种色彩的对比和调和,给人以整体感。比如冷色与暖色相配,使商品更加鲜明耀目,雅致美观。红、橙、黄色为暖色,暖色给人以热烈、辉煌、兴奋的感觉。蓝、青、绿色为冷色,冷色给人以清爽、优雅的感觉。在橱窗里设置小型霓虹灯,可使商品显得高档,以增加宣传的效果,还可以利用阴晴的阴影来强调商品的主体感。图案、文字是为商品服务的,因此在图案与文字的设计上,既不能喧宾夺主,又要衬托出商品。在图案的处理上,尽量不用或少用写实的画面,否则显得杂乱。文字是画面的重要组成部务,文字的运用要简明扼要,浅显易懂,新颖风趣;字体要端正、美观、大方、规范化,力求文字形式与宣传内容相统一。陈列商品主要用黑体、宋体、仿宋体、楷体等几种常用的字体,以及变形字体,如长黑、扁黑、长宋、扁宋、美术体等。例如用黑体字,可暗示其强劲有力;美术体字可自行创造,不受约束与图案融为一体,富于画意;还可以通过文字形式,把商品的效能、特性和某些承诺(保修、保退)等售后服务措施介绍出来,以激发潜在的购买力,增强消费者的购买信心。

第二节 财务核算流程

汽车配件财务结算是汽车配件订购与销售工作的重要环节,需要根据财务结算程序,严格遵照财务支出的相关规定,及时办理配件款项结算,合理填写财务单据,为汽车配件后续订购与销售提供必要的保障。

一 财务核算工具

1. 支票

支票是银行的存款人签发给收款人办理结算或委托开户银行将款项支付给收款人的票据。支票按其支付方式,可分为现金支票和转账支票。现金支票只能用于支付现金,转账支票只能用于转账。

2. 银行本票

银行本票是由银行签发的、承诺在见票时无条件支付指定金额给收款人或持票人的票据,单位或个人在同一票据交换区域需支取各种款项时均可使用银行本票。

3. 银行汇票

银行汇票是由出票银行签发,收票银行见票时按实际结算金额无条件支付给收款人或持票人的票据,单位或个人的各种款项结算均可借助于银行汇票。银行汇票可用于转账,注明"现金"字样的银行汇票也可用于支取现金。

4. 发票

发票是单位和个人在购销商品、提供或者接受服务以及从事其他经营活动中,开具或取得的收付款凭证。发票分为普通发票和增值税专用发票两大类。

二 汽车销售相关知识

(一)汽车贷款

汽车贷款是指银行向申请购买汽车、工程车辆的借款人发放的人民币贷款。实行"部分自筹、有效担保、专款专用、按期偿还"的原则。

1. 汽车消费贷款的对象

汽车消费贷款的对象是在中国境内有固定住所的中国公民及企业、事业法人单位。

2. 贷款必备条件

(1)贷款的个人要具有稳定的职业和经济收入或易于变现的资产,足以按期偿还贷款本息,贷款的法人要具有偿还贷款的能力。

(2)借款人申请贷款期间有不低于银行规定的购车首期款存入银行。

(3)借款人必须提供银行认可的担保。

(4)借款人愿意接受银行认为必要的其他条件。

3. 贷款期限及利率

为了满足用户的不同需要,法人贷款期限最长不超过3年,个人最长不超过5年。贷款利率按照人民银行规定的同期贷款利率执行。

4. 贷款金额

(1)借款人以国库券、金融债券、国家重点建设债券、银行个人存单质押的,或银行、保险公司提供连带责任保证的,存入银行的首期款不得少于车款的20%,借款的最高限额为车款的80%。

(2)借款人以所购车辆或其他资产作为抵押的,存入银行的首期款不得少于30%,借款最高限额为车款的70%。

(3)借款人提供第三方保证方式(银行、保险公司除外)的,存入银行的首期款不得少于40%,借款最高限额为车款的60%。

5. 办理汽车消费贷款的程序

(1)客户到银行营业网点进行咨询,网点为用户推荐已与银行签订《汽车消费贷款合作协议书》的特约经销商。

(2)到经销商处选定拟购汽车,与经销商签订购车合同或协议。

(3)到银行网点提出贷款申请。

(4)借款人应当对所提供材料的真实性和合法性负完全责任。

(5)银行在受理借款申请后有权对借款人和保证人的资信情况进行调查,对不符合贷款条件的,银行在贷款申请受理后15个工作日内通知借款人。对符合贷款条件的,银行将提出贷款额度、期限、利率等具体意见,及时通知借款人办理贷款担保手续,签订《汽车消费借款合同》。

(6)借款人在银行指定的保险公司预办抵押物保险,并在保单中明确第一受益人为银行。保险期限不得短于贷款期限。

(7)银行向经销商出具《汽车消费贷款通知书》,借款人同时将购车首期款支付给经销商。

(8)经销商在收到《汽车消费贷款通知书》及收款凭证后,协助借款人到相关部门办理缴费及领取牌照等手续,并将购车发票、各种缴费凭证原件及行驶证复印件直接移交到银行。

(9)借款人以所购汽车作为抵押,其保险单、购车发票等凭证在贷款期间由银行保管。在合同期内,银行有权对借款人的收入状况、抵押物状况进行监督,对保证人的信誉和代偿能力进行监督,借款人和保证人应提供协助。

6. 还款事项

(1)汽车贷款实行按季结息,借款人要按借款合同约定分期还款。借款人提前归还贷款本息的,应当提前一个月通知银行,并征得银行的同意。

(2)借款本息偿还完毕,所签订的《汽车消费借款合同》自行终止。银行在合同终止30日内办理抵押登记注销手续,并将物权证明等凭证退还给借款人。通过储蓄卡还款的个人客户,可在当地的银行储蓄网点,在还款日(结息日)前,将当期应还款项存入信用卡或储蓄卡,由经办行划收。

7. 办理"零首付"汽车消费贷款

银行目前开办了"零首付"汽车消费贷款业务。"零首付"汽车消费贷款是指某些银行对符合规定的借款人免收首期付款而办理的汽车消费贷款业务。"零首付"汽车消费贷款只适用于个人汽车消费贷款业务,并且只适用于首付款环节。其他环节的办理,仍按银行汽车消费贷款管理办法的规定执行。办理"零首付"汽车消费贷款的前提必须是以所购车辆作抵押,并按银行汽车消费贷款办法的规定,上齐各项保险。办理"零首付"汽车消费贷款,在符合前提条件的情况下,有以下3种方式:

(1)质押方式。

即借款人提供本人或第三方相当于首付款金额100%的银行存单、凭证式国债、金融债券、国家重点建设债券作质押,可免交首付款,银行发放购车价全额贷款。为缓解经销商配件采购的资金压力,鼓励经销商建立合理的配件储备,汽车制造厂对配件采购一般要求采用质押结算,不直接收取现金,也不接受任何第三方的垫付款。定额周转质押(即银行承诺汇票质押)是指经销商将其办理的银行承兑汇票以质押物的形式交付给汽车制造厂,作为制造厂向经销商提供定额周转配件的结算保证。

(2)旧车置换方式。

即借款人将所有权无争议且价值不低于拟购新车价款的30%的旧车交到所在城市汽车置换机构,经置换机构验车定价和办理回购手续。银行收到上述置换回购手续后,可免收首付款,发放最高不超过新车购价的70%的贷款。银行将汽车置换回购手续转给汽车销售商抵作首付款。

(3)保证方式。

即借款人提供具有代为偿付所购车价30%首付款能力的第三方连带责任保证,经银行审查同意后,发放购车价全额贷款。

(二)销售管理中的财务运用

1. 维持良好的资金流

企业在销售产品的过程中一方面表现为产品流,另一方面又伴随着资金流(资金的流进和流出)。企业的销售活动与资金流密切相关,销售管理人员必须正确规划资金流量,用好、用活资金,从而提高资金使用效率。

2. 应收账款管理

为提高市场占有率,企业经常会采用各种促销手段(这里指狭义促销),促销手段虽然花样繁多,但从结算方式上来说可归结为两种:现销和赊销。"现销"的优点是应计现金流量与实际现金流量相吻合,能避免呆账、坏账,也能及时将收回的款项投入再运营,因而,它是企业最期望的一种结算方式。然而,在竞争激烈的今天,单纯依赖"现销"往往很难,况且,企业为了抑制风险而一味追求"现销"也会坐失机会,久而久之,可能导致市场萎缩,市场占有率下降,从而使企业的长远利益受损。

为适应竞争需要,适时采用"赊销"方式可弥补"现销"的不足。而且,从商品流通的角度来看,"赊销"在强化企业市场地位、扩大销售收益、节约存货管理成本等方面也有着"现销"无法比拟的优势。但是,从另外一个角度来看,"赊销"会产生应收账款问题、坏账问题,有一定的风险;同时,这部分应收款项因被客户占用而无法用来投入运营并增值,从而形成机会损失,而且企业还得为之付出一定的管理费用。

不难看出,应收账款的投资收益与投资风险是客观并存的,它既是流通顺利实现的保证,又是流通顺利实现的障碍。那么,该如何有效地管理应收账款,通常可以遵循以下几条原则:

(1)通过票据加强商业信用约束力,以提高交易效率,减少应收账款的发生。

(2)建立、健全应收账款管理,建立坏账准备金制度,以防不测。

(3)贯彻"促销与收回"并重的原则,财务应根据调查资料正确评判客户的偿债能力和信用程度,在此基础上合理确定信用期限,避免盲目赊销。

(4)确定应收账款政策时,应在"赊销"收益与"赊销"成本及损失之间进行权衡。

(5)可以运用现金折扣来减少应收账款。

财务部门应定期编制《应收账款账龄分析表》,列出信用期内和信用期外的客户数量和金额,同时计算、分析"应收账款周转率"、"平均收账率"等考核指标,及时反馈给业务部门,从而共同商讨收账对策。

建立、完善风险机制,对促销人员加大约束力度,以增强销售人员的危机感、压力感,使其工作重点始终放在销量和资金回笼上。

3. 财务与销售

财务为销售服务,但它不依附于销售。有时,销售部门为了开拓市场,提高市场占有率,可能会在某种程度上不计成本,但财务人员需认真核算每笔业务的经营成本和最终成果。比如,客户在贷款不足的情况下还想多提货时,销售人员出于与客户发展关系的目的可能会答应对方的要求,而财务人员则可能以"无欠款销售"等原则予以拒绝,财务和销售双方就会形成矛盾。为了解决这个矛盾,企业需制定客户欠款相关规定,并加强销售部门与其他职能部门之间的沟通。例如,财务部可以把客户的资信情况提供给销售人员,由销售人员出面,让客户写出具有法律效力的欠款证明,以在规定期限内收回贷款,这样既能使客户满意,又能使销售业务不断发展。

另外,销售管理中的财务工作并不是个狭义上的会计概念,财务工作应体现出对经营活动的反映和监督,销售人员应当以实现所有者权益最大化为己任。为此,销售部门应编制销售报表并按时上报,以便于公司有关部门随时了解销售状况,进而有计划地调整库存结构,使库存管理处于最佳状态,这样可减少库存管理成本,统一调配资金,使资金达到安全、高效运转。此外,在财务部门的配合下,销售部门还应积极实现销售资金回笼,有计划地完成销售回款任务。再者,销售部门还应及时处理积压商品,清仓盘库,调整合理的库存结构,努力盘活资金存量,争取资金周转的最大回款效益。对销售部门而言,财务与业务始终是矛盾的。

三 汽车保险知识

机动车辆保险是以机动车辆本身及其相关经济利益为保险标的的一种不定值财产保险。这里所说的机动车辆是指经交通管理部门检验合格,核发有效行驶证和号牌的机动车,包括汽车、电车、电瓶车、拖拉机、各种专业机械车、特种车。

1. 险种介绍

目前,我国的机动车辆保险一般包括基本险和附加险两部分。基本险分为车辆损失险和第三者责任险。

(1)车辆损失险主要指车辆本身(包括随车备的零部件和设备)在停放或行驶中的保险。

(2)机动车辆第三者责任险是指负责赔偿保险车辆因意外事故,致使第三者遭受人身伤亡或财产的直接损失,保险人依照保险合同的规定给予赔偿的险种。一般地方政府将第三者责任险列为强制保险险种。

(3)机动车辆保险的附加险包括:

①全车盗抢险。全车盗抢险负责赔偿车辆因被盗窃、被抢劫造成车辆的全部损失,以及期间由于车辆损坏或车上零部件、附属设备丢失所造成的损失。

②车上责任险。车上责任险负责赔偿车辆发生意外事故造成车上人员的人身伤亡(包括驾驶员和乘客)和所载货物的损失。

③无过失责任险。无过失责任险是指机动车辆与非机动车辆、行人发生交通事故造成对方人身伤亡、财产损失。虽然保险车辆无过失,但根据《道路交通事故处理办法》的规定,仍应由被保险人承担10%的经济补偿。对于10%以上的经济赔偿部分,如被保险人为抢救伤员等已经支付而无法追回的费用,保险人亦在保险赔偿限额内承担赔偿责任。保险人承担的10%及10%以上的赔偿责任加免赔金额之和,最高不得超过赔偿限额。

④车载货物掉落责任险。车上货物掉落导致他物受损,该责任属于车载货物掉落责任险范畴,即对车载货物从车上掉下来造成他人(即第三者)人身伤亡、财产的损失,保险公司予以赔偿。

⑤玻璃单独破碎险。玻璃单独破碎险是专门为前后玻璃和车窗玻璃设计的险种。车辆在停放或使用过程中,其他部分没有损坏,仅风窗玻璃和车窗玻璃单独破碎,保险公司负责

赔偿。对于高档车辆本险种尤为重要的。

⑥车辆停驶损失险。车辆停驶损失险负责赔偿保险车辆发生保险事故造成车辆损坏,因停驶而产生的损失。保险人在双方约定的修复时间内按保险单约定的日赔偿金额乘以从送修之日起至修复竣工之日止的实际天数计算赔偿。对于从事专业营运的大型客、货车辆以及营运出租车,由于肇事后修车耽误营运,间接损失较大,更是有必要投保。

⑦自燃损失险。自燃损失险是负责赔偿保险车辆因本车电器、线路、供油系统发生故障及运载货物自身原因起火燃烧,造成车辆的损失。而由于外界火灾导致车辆着火的,不属于自燃损失险责任范围。

⑧新增加设备损失险。新增加设备损失险负责赔偿车辆发生保险事故时造成车上新增加设备的直接损失。当为车辆加装了制冷、加氧设备、清洁燃料设备、CD及电视录像设备、真皮或电动座椅等不是原厂所配的设备时,应考虑投保新增加设备损失险。否则,这些设备因事故受损时,即使投保了车辆损失险,保险公司也不负责理赔。

⑨不计免赔特约险。不计免赔特约险仅针对车辆损失险和第三者责任险范围内的损失,其他附加险的免赔规定不能取消。根据条款规定,一般情况下,上述险种范围内的每次保险事故与赔偿计算履行按责免赔的原则,车主须按事故责任大小承担一定比例的损失(称为免赔额)。但如果投保了不计免赔特约险,发生保险事故后,保险公司不再按原免赔规定进行免赔,而按规定计算的实际损失给予赔付。

保险人根据保险单所载明的承保险种及其规定承担保险责任。机动车辆保险要求被保险人对保险车辆必须具有可保利益,即被保险人对保险车辆必须具有法律上的利益关系。

车辆安全使人受益,车辆肇事使人受损。这种可保利益的存在,是订立机动车辆保险合同的基础。当保险合同签订后,如果被保险人将车辆出售或转让给他人,其可保利益随即消失,保险合同效力也就自动停止。因此,被保险人对车辆必须具有所有权或使用权、租权、保管权,并负有一定的经济责任,才能投保,保险合同方能成立。

2. 保险的办理

凡是国有资产或私有企业、国家机关、事业单位、人民团体、个人或联户所有的(或与他人共有的)车辆,只要牌证齐全,经车辆管理部门检查合格,均可向各保险公司投保。

(1)个人投保。将车辆开到保险公司指定的地点,随身带齐本人的工作证、身份证、单位介绍信、驾驶证、车辆行驶证和有磁投保车辆的有磁证件。如果是从事个体营运的车辆,还应带上营业执照,到当地保险公司业务科办理投保手续。经保险公司验明有关证件认为符合投保条件后,填写车辆投保单。保险公司检查投保单填写无误后,根据情况对车辆进行必要的检查,如果符合保险条件,便可以确定起保时间,并核收保险费。起保时间由投保人决定,可立即开始,也可以办理预定投保。保险公司在投保单上注明年、月、日、时直至分。由保险公司和投保人分别签字盖章,保险单生效时间从约定起保日的当天0时开始,到约定期满日的当天24时止。保险有效期以1年为限,可以多于1年,但不能少于1年。期满可以续保,只是要重新办理手续。保险单一式两份,由保险公司和投保人分别保管。如果在保险期内出险,索赔依据就是保险单和保险费交纳收据。

(2)集体单位投保。除带必要证件外,尚需开列出投保车辆的型号、牌号、行驶证号等,保险公司可以根据具体情况办理手续或派人到投保单位去办理手续。目前,大多数省、市已实行机动车辆强制保险办法,保险公司在车辆检验部门通常派有工作人员,在车辆接受检验的同时,直接为车辆办理保险业务。

(3)第三者责任险的投保手续。与上述基本相同,可与车辆损失同时投保。

3. 被保险人的义务及赔偿的申请

驾驶员一旦投保签约,便成为被保险人,同时应履行下列义务:

(1)在签订保险单时一次缴清保险费(有特别约定的可分期遵约缴费)。

(2)遵守交通规则安全行驶,并做好车辆的维修、维护工作,按期进行检验和修理,使保险车辆经常保持良好的状态。

(3)保险车辆发生保险责任范围内的损失时,应采取救护措施防止损失扩大,及时向公安、交通部门报告,同时通知保险公司。

(4)不得用保险车辆从事非法活动和经营。

(5)实事求是,不隐瞒实情,配合保险公司做好有关工作。

被保险人在遭受保险责任范围内的损失5天后,应在1年之内向保险公司申请赔偿,否则为自愿放弃权益论处,以后不得再行申请赔偿。在申请赔偿时,被保险人应向保险公司提供保险单正本、事故立案证明、事故调解结案书、损失清单及费用单据,以及其他必要的凭证。

被保险人应尽量做到合理、准确,每个单据都有根有据,尤其是对第三者责任和索赔更应遵守有关规定。保险公司在接到赔偿申请后,将根据交通管理部门的有关事故处理规定审查核实,对车辆损失的赔款进行商定,对第三者责任险赔偿金额依法判定。一旦确定后,保险公司将在10日之内交付赔款。赔款应在1年内领取,否则以放弃论处。

四 汽车入户、过户的程序及有关规定

1. 新车入户手续

(1)出具单位证明。

(2)私车需要身份证复印件,公车需营业执照复印件。行政事业单位和国有企业购买小客车要办定编准购证。未列入定编的单位,还要到当地政府定编办理使用证。

(3)购车发票及复印件、合格证。

(4)车辆购置附加费证。

(5)异地移动的需办临时牌。

(6)进口车要有进车批文、商检单、海关货物进口证明书。货物进口证明书,要到省公安厅车管所验证及备案。

(7)拍卖罚没车要有罚没批文、公安部、海关总署、国家工商局签发证明书或省公安厅车管所签发的办牌许可证,以及允许拍卖批文复印件。

(8)赠送车凭省侨办批文,按进口车手续办理。

(9)填写机动车入户数据表。

(10)附车辆照片4张。

(11)到检测站检测车辆的安全性能。

(12)自备发动机、车架号拓印件一份。

(13)要经车管所被盗抢车辆嫌疑的电脑检索,并有市公安局、刑侦部门验车通知书。

(14)公车要在车辆登记表上加盖公章,私车则车主签章。

2. 进口车入户新规定

(1)大宗车辆备案必须提供的资料:《进口配额证明》《进口许可证》《货物进口证明书》《报关单》《海关缴款专用书》以及当地外汇银行指定的《贸易进口付汇核销单》等原件。

(2)外商投资企业进口车辆须提供的资料:《外商投资企业进口物资审批表》《报关单》《货物进口证明书》《海关缴税专用书》。以现汇向境外支付购买车辆的,须提供外汇管理部门出具的《年月贸易进口到货付汇核销表》。

(3)捐赠进口车辆须提供的资料:省政府主管部门《捐赠批文》《进口许可证》《货物进口证明书》《报关单》《海关缴款专用书》。

(4)海关监管车辆须提供的资料:海关出具的《中华人民共和国海关监管车辆准予领销牌证通知书》。

3. 机动车过户手续

申请过户的机动车,应按下列程序办理。

(1)按规定填写《机动车变更、过户、改装、停驶、复驶、报废审批申请表》并盖章签名。

(2)交存旧机动车交易市场交易凭证(二轮、轻便摩托车应有市公安交通管理局车辆管理所指定信托商店或旧机动车交易市场的交易凭证)。

(3)按下列规定提交有关材料及证明:

①个人车辆的,应交验买卖双方有效身份证明并复印存档。

②单位购买大、小型客车及摩托车的,应交存市控办,合资或私营企业应提交营业执照并交存复印件。

③因经济赔偿、财产分割、继承等发生所有权转移的,应提交原车档案、法院判决书(或裁定书、调解书),可免交易证明。

(4)办理过户手续。领有"*A"号牌的两轮摩托车、轻便摩托车,应由市公安交通管理局车辆管理所检验科核对车辆。

本 章 小 结

(1)汽车展厅的布置内容包括展厅外部设施、展厅内部设施、展车布置、接待与洽谈区布置、客户休息与交车区布置、人员着装及仪态、卫生间布置。

(2)汽车配件营业场地的布置要体现本店的经营特色,突出专营配件;要在色彩、灯光和图案文字上突出宣传效果。

(3)汽车配件陈列的方法有橱窗陈列、柜台与货架陈列、架顶陈列、壁挂陈列、平地陈列等。

(4)汽车配件财务核算工具包括支票、发票、银行汇票、银行本票。

(5)汽车贷款是指银行向申请购买汽车、工程车辆的借款人发放的人民币贷款。实行"部分自筹、有效担保、专款专用、按期偿还"的原则。

(6)机动车辆保险是以机动车辆本身及其相关经济利益为保险标的的一种不定值财产保险。

(7)新购的汽车和交易的旧车需要到当地车辆管理所,办理汽车的入户或过户手续。

(8)车辆税费是指车辆在购置和正常使用中,所应交纳的各项国家规定的费用。

思考与练习

一、填空题

1. 经营汽车配件的营业场地需要合理的布置。牌匾要_____；橱窗要洁净明亮、装饰新颖；配件、道具陈列以及_____搭配都要协调统一，给人以整体感。
2. 为了便于选购、取放和盘点，配件陈列的_____不要随意改动，以免混乱。
3. 汽车贷款是指银行向申请购买汽车、工程车辆的借款人发放的人民币贷款。实行"部分自筹、有效担保、专款专用、_____"的原则。
4. _____汽车消费贷款只适用于个人汽车消费贷款业务，并且只适用于首付款环节。

二、选择题

1. (   ) 适用于体积大而笨重的、无法摆上货架或柜台的商品。
   A. 平地陈列　　　　　B. 橱窗陈列　　　　　C. 壁挂陈列　　　　　D. 架顶陈列
2. (   ) 可用于转账，注明"现金"字样的银行汇票也可用于支取现金。
   A. 发票　　　　　　　B. 银行本票　　　　　C. 银行汇票　　　　　D. 支票

三、判断题

1. 汽车展厅外正面玻璃窗前不摆放大型绿色植物，以免遮挡外界线。(   )
2. 机动车辆保险的附加险包括车辆损失险、车上责任险、无过失责任险、车载货物掉落责任险、全车盗抢险。(   )

四、简答题

1. 汽车配件陈列的方法有哪些？
2. 简述新车入户的手续。

第七章　汽车与配件电子商务及网络营销

> **学习目标**
> 1. 掌握电子商务的概念、分类及其发展；
> 2. 掌握电子商务技术和网络营销的相关概念；
> 3. 能运用计算机网络技术、安全认证、网上支付等电子商务的技术基础和关键技术；
> 4. 能叙述网络营销的运作模式及业务流程。

随着计算机技术、物流和网络安全等技术的不断发展和完善，电子商务正在向着更多的发展方向延伸，从而适应了今天多元化、个性化的市场发展要求。汽车配件行业的营销特点是需要建立一个信息传送灵活、反馈效率高的销售网，从而能够尽快地掌握消费者灵活多变的消费需求，缩短运营周期。而电子商务通过跨越空间的网络信息互动等手段，也正适应了该行业的这个特点。汽车配件行业在加大自主研发投入的同时，也应该学习国外企业的经验，建立多元化的经营体系，采用电子商务系统进行网络营销的经营模式就是与国际接轨的重要发展方向。

第一节　电子商务的基本知识

一　电子商务的概念

电子商务通常是指在全球各地广泛的商业贸易活动中，在互联网开放的网络环境下，买卖双方不谋面地进行各种商贸活动，实现消费者的网上购物、商户之间的网上交易和在线电子支付，以及各种商务活动、交易活动、金融活动和相关的综合服务活动的一种新型的商业运营模式。各国政府、学者、企业界人士根据自己所处的地位和对电子商务参与的角度和程度的不同，给出了许多不同的定义。

1. 从广义的角度

电子商务是通过电子方式进行的商务活动。它通过电子方式处理和传递数据，包括文本、声音和图像，涉及许多方面的活动，包括货物电子贸易和服务、在线数据传递、电子证券交易、电子货运单证、商业拍卖、合作设计和工程、在线资料、公共产品获得等。它包括产品（如消费品、专门设备）、服务（如信息服务、金融和法律服务）、传统活动（如健身、体育）和新型活动（如虚拟购物、虚拟训练）。

2. 从狭义的角度

（1）从功能的观点看，电子商务是通过电子方式，并在网络上实现物资、人员、过程的协调，以便商业交换活动。

（2）从应用的观点看，电子商务是数据（资料）电子装配线的横向集成。

（3）从服务的观点看，电子商务是传达公司、消费者和管理层的需求，从而降低服务费用，提高产品质量和服务速度的工具。

（4）从技术的角度看，电子商务是一种多技术的集合体，包括交换数据（如电子数据交换、电子邮件）、获得数据（共享数据库、电子公告牌）以及自动捕获数据（条形码）等。

从现在电子商务所完成的基本功能和对电子商务的应用，电子商务可定义为：在互联网技术下，实现消费者的网上购物、商户之间的网上交易和在线电子支付的一种新型商业运营模式。电子商务是利用现代网络技术开展的商务活动，是依托互联网发展起来的经济模式。从贸易活动的角度分析，可以把电子商务分为两个层次，较低层次的电子商务（如电子商情、电子贸易、电子合同等）；最高级的电子商务是利用互联网能够进行全部的贸易活动，在网上将信息流、商流、资金流和部分物流完整的实现，可以从寻找客户开始，一直到洽谈、订货、在线支付、开具电子发票以至电子报关、电子纳税等通过互联网在线完成。

要实现完整的电子商务还会涉及到很多方面，除了买家、卖家外，还要有银行、政府机构、认证机构、配送中心等。由于参与电子商务中的各方在地理上是互不谋面的，因此网上银行、在线电子支付等条件和数据加密、电子签名等技术在电子商务中发挥着不可或缺的作用。

二 电子商务的应用特性

电子商务的应用非常广泛，如网上银行、网上购物、网络订票、网上租赁等。电子商务在应用中体现了高效性、服务性、全球性、安全性等特性。

1. 高效性

电子商务为购销双方提供了高效的服务方式、场所和机会。这种高效性体现在很多方面，电子商务可以扩展市场，增加客户数量；企业可通过记录客户每次访问、购买的情况和购货动态以及客户对产品的偏爱，获知客户最想购买的产品，从而为产品的生产、开发提供有效的信息；网上营销还可以为企业节省大量的开支，如无需营业人员、无需实体店铺，并可以提供全天候服务，扩大销售量，提高客户满意度和企业知名度等。

2. 服务性

电子商务作为一种全新的商业模式，为产品销售提供了一种新的思路，企业能够以更加快捷、方便的方式为客户提供高效的个性化服务。电子商务为交易双方提供广泛、均等、高效、方便的服务。通过电子商务，客户可以在更大范围，甚至全球范围内寻找交易伙伴，选择商品；企业可以将内部的所有功能整合起来，使企业能够围绕客户这一中心运作，更好地处理自身与客户、供应商、销售商、合作伙伴、政府机构等方面的关系，加快企业建立广泛的业务伙伴网络的进程。

3. 全球性

经济全球化促进了电子商务的发展，同时电子商务的发展也在推进着经济全球化的进程。电子商务不仅指网络应用和商业活动的开展，它是一个复合体，是由人们系统化应用电子工具从事一切经济事务活动的总体,可以说创造了新的生产力,实现物尽其用以及人类社会可持续发展。

4. 安全性

在电子商务中,安全性是必须考虑和解决的核心问题。对客户而言,无论网上的物品怎样具有吸引力,如果对交易安全性缺乏信心,就不敢贸然在网上进行交易;对企业而言,电子商务中的欺骗、窃听、病毒和黑客的非法入侵都是大敌。因此,电子商务网络应该能够提供安全解决方案,主要有安全认证和安全交易标准两个方面。安全认证措施包括密钥技术、数字证书、数字签名、认证中心等。保证交易双方与银行完成电子支付过程的安全性交易标准主要有安全电子交易协议 SET、安全接口层协议 SSL 等。

三 电子商务的分类

(一) 按电子商务活动交易的内容分类

1. 直接电子商务

包括向客户提供的软体商品(有称无形商品)和各种服务。如计算机软件、研究咨询性的报告、航班、参团出游及娱乐内容的订购、支付、兑汇及银行有关业务、证券及期货的有关交易、全球规模的信息服务等,都可以通过网络直接传送,保证安全抵达客户。直接电子商务突出的好处是快速简便及十分便宜,深受客户欢迎,企业的运作成本显著降低。受限之处是只能经营适合在网上传输的商品和服务。

2. 间接电子商务

包括向客户提供的实体商品(又称有形商品)及有关服务。显然这是社会中大量交易的商品和有关服务。由于要求做到在很广的地域范围和严格的时限内送达,一般均交由现代物流配送公司和专业服务机构去完成配送工作,这里所说的现代物流配送公司和专业服务机构远非过去传统商业的仓储货运机构和简单的服务部门,而是一种具有相当规模、拥有很强运输能力、采用自动化手段,特别是充分运用互联网精心信息管理的现代企业。

(二) 按电子商务涉及的交易对象分类

1. 企业对企业的电子商务(简称之为 B to B 或 B2B)

企业间利用开放的网络或专用网络进行交易的商务活动过程,包括寻求交易伙伴、网上洽谈、订货、电子合同、票据发送、结算(包括货物验收与货款支付)、索赔处理等。这类电子商务还可以分为特定企业间的电子商务和非特定企业间电子商务。使用开放性网络属于非特定企业间的电子商务,使用专用网络或增值网络属于特定企业间的电子商务。企业与企业之间的电子商务是主流,大宗的交易多属于这一类型。今后将有更多的企业或商业机构加入,发展的前景更为客观。

2. 企业对消费者的电子商务(简称之为 B to C 或 B2C)

此种类型的商务类似于零售业。企业或商业机构借助于互联网开展在线销售,为广大客户提供很好的搜索与浏览功能,使消费者很容易了解到所需商品的品质及价格;在网上直接订销,支付手段通常采用电子信用卡、智能卡、电子现金及电子支票等。目前,在互联网上遍布这类的商业中心,提供从鲜花、快餐、书籍、软件到电脑、家电、汽车等各种消费商品以及多种服务。

3. 企业对政府的电子商务(简称之为 B to G 或 B2G)

它覆盖企业与政府之间的各项事务。政府通过网上服务,为企业创造良好的电子商务空间,诸如网上报批、网上报税、电子缴税、网上报关、EDI 报关、电子通关等;企业对政府发布的采购清单,以电子化方式回应;企业对政府的工程招标,进行投标及竞标;政府可经过网络实施行政事务的管理,诸如政府管理条例和各类信息的发布;涉及经贸的电子化管理;价格管理信息系统的查询;工商登记信息、统计信息、社会保障信息的获取;咨询服务、政策指导;政策法规和议案制订中的意见收集;网上产权交易,各种经济法政策的推行等。

4. 政府对消费者的电子商务(简称之为 G to C 或 G2C)

在现在社会中,政府势必要将个人繁杂的事务处理转到网上进行,这也正是电子商务中政府作为参与方所要从事的管理活动。它包括政府对个人身份的核实;对居民福利基金、生活保障费的发放;收集民意和处理公民的信访及举报;政府主持的拍卖;居民的自我估税、报税及政府的电子纳税;公民行使对政府机构和官员的监督;全部政策法规的查询。许多政府都将这一类型的电子商务看作树立良好形象,提供优良服务的基本办法。

5. 消费者对消费者的电子商务(简称之为 C to C 或 C2C)

这是互联网上产生的一种新模式,即个人对个人的商务交易方式。也有人称之为 PtoP、P2P。其中兴起一种拍卖或竞买的网站,开展网络竞价交易,个人可以到网站注册入户,参加竞买。目前在网上拍卖的物品,主要有个人收藏珍品、计算机硬件、家用电器、影视、车辆配件、电子设备以及毕业班的书籍等。

(三)按电子商务的网络类型分类

1. EDI(电子数据交换)**商务**

主要应用于企业之间、企业与中间商之间的批发业务。较之传统的订货和付款方式,EDI 大大节约了时间和费用,有较好的安全保障、严格的登记手续和准入制度、多级权限的防范措施,实现了包括付款在内的全部交易工作电脑化。在大型企业、跨国公司有较广泛应用。

由于采用 EDI 的公司必须租用有关的专用网络,即通过租赁增值网(VAN)服务才能实现。为此,当跨越这些专用网络时,还需通过相应的网关,多缴费用,使运行成本升高。但是,自从国际互联网问世后,开始发展基于互联网的 Web-EDI、使用可扩展标识语言 XML 的 XML-EDI,逐渐取代了传统的 EDI。

2. Intranet(企业内部网)**商务**

Intranet 又称为内联网,这是企业拥有的采用与国际互联网相同的 TCP/IP 协议的局域网,可将局域网接入,形成一个企业内部的虚拟网络。Intranet 可运用防火墙(firewall)手段构造安全网站,防止外界访问者未经授权随便进入内联网,以保护企业内部需要保密的信息。

跨国公司和大中型企业借助 Intranet 商务,可将其分布在世界各地的分支机构以及总部内有关部门联通起来,使企业各级管理人员按级分享内部信息,使在线业务取代一些纸面业务,从而有效地降低交易成本,提高了运营效益。

3. Internet（国际互联网）商务

这是国际现代商业的最新形式。它以计算机、通信、多媒体、数据库技术为基础，通过互联网在网上实现营销、购物服务。它突破了传统的商业、生产、批发、零售及进、销、存、调的流转程序与营销模式，有利于实现少投入、低成本、零库存、高效率，避免了商品的无效转移及搬运，从而实现了社会资源的高效运作和最大节余。

对于消费者来说，则可不受时空和厂商的限制，进行广泛的比较和选择，能以较低的价格获得所需的更好的商品和服务。

4. Extranet（企业外部网）商务

Extranet 又称为外联网。它是在企业已有的互联网商务基础上扩展而成的，完全采用互联网技术。企业借助 Extranet 商务上下游协作厂家建立更加紧密的伙伴关系。由于这些协作厂家的信息化程度各异，本企业往往要拥有多种网络方式，分别同他们连接。多余未建企业网站的伙伴，主要用 E-mail 方式；对于建有网站的伙伴，显然可以通过互联网构成 Extranet 商务；对于只拥有 EDI 商务的，最好都采用 Web-EDI，或经过 E-mail 过渡。仅从商务效果看，EDI 商务也可视为企业外联网的一种，只是传统的 EDI 尚未采用互联网技术。

四 电子商务的功能

（一）网上订购

电子商务可借助互联网中的邮件或表单交互传送实现网上的订购，如图 7-1 所示。网上订购通常都会在产品介绍的页面上提供订购提示信息和订购交互格式框表单。当客户填完订购单提交后，通常系统会回复确认信息单来保证订购信息的收悉。订购信息也可采用加密的方式使客户和商家的商业信息不被泄露。

图 7-1　网上订购

（二）网上广告

电子商务可凭借企业的 Web 服务器,在 Internet 上发布各类产品信息(图 7-2)。客户可借助网上的检索工具迅速地找到所需商品信息。而商家可利用网上主页和电子邮件（E-mail）在全球范围内作广告宣传。与传统的各类广告形式相比,网上广告成本低廉,而信息量最为丰富。

图 7-2　网上广告

（三）咨询洽谈

电子商务可借助非实时的电子邮件、新闻组(News Group)和实时的讨论组(Chat)来了解市场和商品信息,洽谈交易事务;如有进一步的需求,还可用网上的白板会议(White Board Conference)来交流即时的图形信息。网上的咨询和洽谈能超越人们面对面洽谈的限制,为人们提供多种方便的异地交谈形式。

（四）网上支付

电子商务要成为一个完整的过程,网上支付是重要的环节。客户和商家之间可采用信用卡账号进行支付。在网上直接采用电子支付手段可以节省交易中很多人员的开销。

网上支付必须由电子金融单位提供支持,即银行或信用卡公司及保险公司等金融单位要为用户提供网上操作的服务,而电子账户管理是其基本的组成部分。信用卡号或银行账号都是电子账户的一种标志。但网上支付需要更为可靠的信息传输安全控制,以防止欺骗、窃听、冒用等非法行为,因此其可信度需配以必要的技术措施来保证,如数字凭证、数字签名以及加密等,如图 7-3 所示。

（五）物流服务

物流电子化是电子商务概念的重要组成,缺少了现代化的物流,电子商务就不是一个完整的过程。网上交易伙伴的搜寻、网上洽谈、网上支付、物流组织、索赔受理等环节构成了一个完整的电子商务服务过程,如图 7-4 所示。

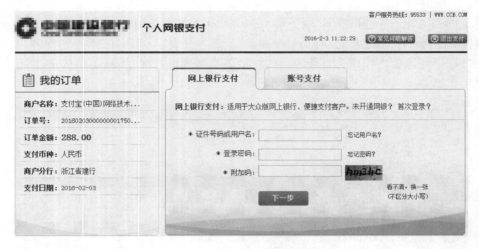

图 7-3　网上支付

图 7-4　物流服务

(六)网上竞标

　　网上招投标是一种真正意义上的公开、公平、公正的交易方式。"电子招投标网络系统"的可靠性和安全性,可以避免招投标过程中的"暗箱操作"现象,使不正当交易、招标人虚假招标、私泄标底及投标人串通投标、贿赂投标等腐败现象得到扼制。而且,网上招投标减轻了企业招投标过程中信息发布、信息交换等方面的负担,节约了企业资源,提高了工作效率,缩短了招投标周期,降低了招投标过程中的成本,并有利于保证商品或项目的质量,减少了采购或投资费用。另外,网上招投标可以实行标书审核的电子化,既提高了工作效率,又充分体现了"择优录取"的原则。

（七）网上调查

网上调查具备许多传统调查方式所不具备的优势，突破了时空的限制。利用 Internet，企业可随时了解世界任何市场的相关信息，只要是 Internet 覆盖的范围，就不存在地点和工作时间的限制问题。网上调查的范围、被调查者的数量、调查结果的可靠性，都是传统市场调查无法比拟的。另外，网上调查的周期会大大缩短，它不但节约了大量人力、物力，而且排除了大量企业难以应付的社会因素。由于网上调查的受众是主动参与的，他们来自社会各个层面，而且不感兴趣的受众不会在网上应答，所以不存在遭受拒绝或时间冲突等问题。网上调查结果的时效性和可靠性也比传统市场调查更有保证。

（八）业务管理

企业的业务管理将涉及人、财、物多个方面，包括企业和企业、企业和客户及企业内部等各方面的协调和管理。因此，电子商务的业务管理是涉及商务活动全过程的管理。

五 电子商务的现状和发展前景

（一）电子商务的现状

总体来看，全球电子商务发展呈高速增长态势。随着全球电子商务的发展，我国电子商务的发展动力持续增强。我国电子商务发展呈现典型的块状经济特征，东南沿海属于较为发达地区，北部和中部属于快速发展地区，西部则相对落后。

在我国，汽车行业应用电子商务的重要性正被越来越多的政府主管部门和汽车厂商所认识，无论是汽车制造商还是汽车经销商，都在不同程度地开展电子商务的应用，有些企业已经取得了一定的成功经验。总体来说，我国汽车行业电子商务的发展现状可以概括为以下几个方面。

1. 汽车网站日渐涌现

作为电子商务的初步应用，目前国内大多数汽车生产厂商都已经建起了独立的网站，而且这些网站在宣传企业形象、向客户提供相关信息等多方面开始发挥一定的作用。但是汽车网站的建设水平参差不齐，较好的厂商网站在利用互联网进行信息发布的基础上开始尝试营销，并高度重视网站在其与客户交流沟通中的作用。

除汽车生产厂商单独设立本企业的网站外，近年来，国内还出现了许多专门为汽车交易提供相关配套服务的网站，如中国汽车网、太平洋汽车网、中汽虹网、慧聪汽车在线、中国汽车新网等。这类网站大都依托传统汽车产业背景，通过商务信息、市场推广、辅助交易、金融服务等相关门类，力图以功能完善的个性化服务，为国内汽车企业和广大汽车爱好者提供网上、网下紧密结合的专业信息商务平台。尽管目前真正通过这类网站达成的交易数量还不多，但它们在促进汽车行业电子商务的发展中所起的作用十分重要。

2. 汽车行业电子商务应用还处于初步探索阶段

与国际主要汽车制造商相比，我国汽车企业的电子商务发展还处于初级阶段，具体表现在以下 3 个方面。

（1）我国汽车企业内部信息化的水平还处于较低层次，无论是企业资源计划（ERP，Enterprise Resource Planning）系统的实施，还是企业内联网的构建，都落后于电子商务的发展要求。

（2）汽车生产企业与零部件供应商及经销商的业务联系还多数停留在电话、传真阶段，与电子商务要求的网络化的业务运作还相距甚远。

（3）汽车制造商与汽车最终客户之间还没有建立起以网络为纽带的紧密联系，成功开展客户关系管理的汽车企业可谓凤毛麟角。因此，从目前我国汽车行业电子商务的发展状况来看，还只是处在局部的、初级的阶段。

（二）电子商务的发展前景

互联网的发展最终要服务于企业和社会，我国的汽车电子商务预计将有以下几点变化。

1. 深度化

新一代的电子商务将取代目前的简单依托"网站＋电子邮件"的方式。电子商务企业将从网上商店和门户的初级形态过渡到企业的核心业务流程、客户关系管理等，并都延伸到互联网上，做到更加互动和实时。

2. 专业化

面向消费者的垂直型网站和专业化网站前景看好，面向特定行业的专业电子商务平台发展潜力大。提供一条龙服务的垂直型网站及提供某一类产品和服务的专业网站具有发展优势。

3. 国际化

我国电子商务走向世界，将间接刺激对外贸易，如可在减少繁文缛节方面节省大量费用，同时也是缩小与国外企业差距的有效手段之一。电子商务对我国的中小企业开拓国际市场、利用好国外各种资源是一个有利的手段。随着我国加入 WTO，国外电子商务企业将努力开拓中国市场，这方面的障碍更会得以消除。

4. 地域化

立足我国国情，采取有重点的区域化战略，是有效扩大网上营销规模和效益的必要途径。由于我国各地经济发展的不平衡，可以预见在今后相当一段时间内，上网人口仍将以大城市、中等城市和沿海经济发达地区为主，因而 B to C 电子商务模式的区域性特征将会非常明显。以这种模式为主的电子商务企业在资源规划、配送体系建设、市场推广等方面都必须充分考虑这一现实，采取有重点的区域化战略，才能最有效地扩大网上营销的规模和效益。

虽然目前汽车相关电子商务的发展存在着诸多问题，但是我国电子商务相关法律和税收政策的问题更为突出。现行的电子商务行业法律依据较少，一些税收政策还不尽合理，这对电子商务的发展是不利的。许多互联网内容提供商 ICP（Internet Content Provider）企业由于没有国家相关政策的扶植，加上过高的税收，其发展受到影响。

第二节　电子商务的关键技术

一　电子商务的技术基础

计算机与网络技术为电子商务提供了网络层的技术支持，互联网为电子商务提供了信息发布层的技术手段,实现商务过程的动态数据交换,如图7-5所示。

图 7-5　电子商务技术

1. 计算机网络技术

计算机网络是指分布在不同地点的许多台计算机进行连接,按照规定的网络协议以实现资源共享为目标的数据通信系统。计算机网络主要具有数据通信、资源共享、提高计算机的可靠性和可用性、分布式处理等功能。按网络范围和计算机之间互联的距离划分,可分为局域网和广域网。

国际互联网(Internet)是指在全球范围内使用统一国际互联网通信协议(TCP/IP)相互连接并传输信息的计算机网络的集合。在计算机网络中,对所有用户来说,他们都要共享网络中的资源。但是由于网络中各个主机极其操作系统在功能和类型上都不相同,所以一个计算网络必须有一套全网"成员"共同遵守的"约定",这就是所谓的网络协议。网络协议是实现网络通信的共同语言,其定义可归纳为,它是一组信息传送、输入输出格式和控制的协定。进入Internet的计算机,需遵守TCP/IP协议,其中传输控制协议TCP(Transmission Control Protocol)负责保证数据传输的可靠性,网间协议IP(Internet Protocol)则非常详细地规定了计算机在通信时应遵循的规则细节。Internet主要服务包括电子邮件(E-mail)、远程登录(Telnet)、文本传输(FTP)、电子新闻(Usenet News)、环球网(WWW)等。

网络互联设备除网卡、调制解调器(Modem)、中继器及网桥外,常用的连接设备还有集线器(HUB)、交换机(Switch)、路由器(Router)。网络传输介质分为有线介质和无线介质两大类,有线介质主要有双绞线、光缆等,无线介质主要有无线电波及微波两类。

2. Web 技术

企业要在Internet上实现电子商务,需要建立自己的Web站点。网站由许多网页组成,每个页面可以包括文本、声音、图形、图像、动画,页面之间可以相互链接。每一个网页都有一个唯一的地址,这个地址称为URL(统一资源定位器)地址,在用户浏览器上,可通过URL地址查看到相应的网页。用户通过WWW浏览器向WWW服务器发出URL地址服务请求,服务器执行客户机请求,调出HTML文件发回给客户机,在客户机浏览器上显示Web页面。HTTP协议(超文本传输协议)是用于规范WWW服务器和浏览器之间超文本传输的基本协议。

用HTML编写的超文本文件称为HTML文件,大部分的静态网页可使用HTML语言设计,但对具有交互性的、动态的网页设计,HTML 显得无能为力。交互性、动态网页设计技术主要有 Java、Javaseript、Vbseript、Flash、CGI、ASP、PHP、JSP 等。

二 电子商务的关键技术

(一)安全认证

电子商务是用电子方式和网络进行商务活动,通常参与各方是互不见面的,因此身份的确认与安全通信变得非常重要,解决方案就是建立中立的、权威的、公正的电子商务认证中心——CA 认证中心,它所承担的角色类似于网络上的"公安局"和"工商局",给个人、企事业单位和政府机构签发数字证书——"网上身份证",用来确认电子商务活动中各自的身份,并通过加解密方法实现网上安全的信息交换与安全交易(图 7-6)。

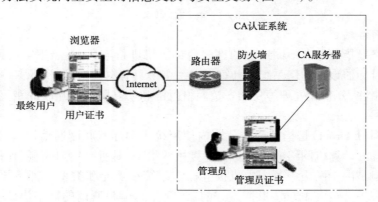

图 7-6　安全认证

1. 密钥技术

将明文数据按某种算法进行交换,使其变为不可理解的形式(密文),这个过程就是加密。使用密钥将密文变为明文的过程为解密。

密钥技术分对称加密技术和非对称加密技术。使用对称加密技术的发送者和接收者拥有相同的密钥,算法比较简单,加、解密速度快。

电子商务安全体系中一般使用双钥的非对称加密技术,一把为公钥,另一把为私钥,一个用于加密,一个用于解密,但不可用一把密钥求出另一把密钥。公钥及其加密算法公开,可以放在网上下载。私钥只有自己知道,严密保管。通信时,发送方用接收者的公钥对明文加密后发送,接收方用自己的私钥进行解密。这种技术的加、解密算法复杂,但保密程度高。

2. 数字签名与信息摘要

数字签名用来保护在网上传输的信息的完整性和识别发送人的身份。首先,用散列算法将要传输的信息内容变换成一个固定长度的信息段,即信息摘要;然后,用发送者的私有密钥对信息摘要加密,就生成了数字签名。

信息摘要是对原文采用一种叫 Hash 算法的单向加密法而得到的具有固定长度的特征值,不同的原文所产生的信息摘要必不相同,相同的原文产生的信息摘要必定相同。

3. 数字证书

数字证书是标志网上服务器或用户身份信息的一系列数据,它由权威公证的第三方机构即认证中心(CA)签发,分为限于个人使用的个人证书和证明网上 Web 服务器身份有效的服务器证书。数字证书内容包括姓名、证书拥有者公钥及有效期、颁发数字证书的单位及数字签名、证书的序列号等,证书有颁发单位的数字签名,不能伪造和篡改。

数字证书采用公—私钥密码体制,每个用户拥有一把仅为本人所掌握的私钥,用它进行信息解密和数字签名,同时拥有一把公钥,并可以对外公开,用于信息加密和签名认证。当发送一份保密文件时,发送方使用接收方的公钥对数据进行加密,而接收方则使用自己的私钥进行解密。没有私钥的第三方是无法进行解密的,保证了数据信息的有效性和完整性。

数字证书可用于发送安全电子邮件、访问安全站点、网上证券交易、网上采购招标、网上办公、网上保险、网上税务、网上签约和网上银行等安全电子事务处理和安全电子交易活动。

4. 认证中心

认证中心(CA)是颁发数字证书的、不直接从电子商务交易中获利的、受法律承认的第三方权威机构,负责发放和管理电子证书,使网上交易的各方能互相确认身份,持卡人对商家的验证。电子证书的管理不仅要保护证书能存取,而且要保证证书不被非法获取。这是一项非常复杂的工作,通常通过以下环节加以保证:发放证书遵循一定的标准;证书的存放管理应遵循相关的协议和标准;管理密钥和证书的有效期限。这里 CA 中心内部的网络及数据安全也极为重要。

(二)网上支付

电子商务网上支付是建立在现存的银行清算系统基础之上的下层支付服务系统,是在金融电子支付的基础上发展起来的。网上支付系统借助于 Internet 而获得了快速、便捷、低成本、全球连通性等诸多优点,但也引发了安全及信用两个方面的问题。首先,网上支付系统要实现公共网络上传输敏感的支付信息,就必须要采取先进可行的安全技术;其次,网上支付系统将支付工具、支付过程无形化,原有的信用关系也发生了改变,除了原有的银行与客户之间的信用关系外,还多了一层网上的信用保证,需建立 CA 认证体系,保证网上支付结算关系中的身份真实可靠。

电子商务中的网上支付体系是融购物流程、支付工具、安全技术、认证体系、信用体系以及现在的金融体系为一体的综合大系统。网上支付系统基本构成包括客户、商家、银行、支付网关、金融专用网、认证机构等。支付网关的角色是连接信息网与金融网的中介,它承担双方的支付信息转换的工作,所解决的关键问题是让传统的封闭的金融网络能够通过网关面向因特网的广大用户,提供安全方便的网上支付功能技术。

根据使用的支付工具不同,网上支付系统大致可分为三类,即信用卡支付系统、电子转账支付系统和电子现金支付系统。为保证交易双方与银行在完成电子支付过程的安全性,针对不同的支付工具,国际上推出了多种有效的安全交易标准,如安全电子交易协议 SET、安全接口层协议 SSL 等。常见的支付工具见表 7-1。

常见支付工具　　　　　　　　　　　　　　　　表 7-1

支付工具方式	图片示例
售货终端机（POS）。银行在饭店、商场等消费场所设置 POS 机，客户在消费时凭银行卡在 POS 机上进行支付	
电话和客户终端。客户通过电话、客户终端等接受银行提供的金融服务，如账户信息查询、转账、证券买卖等	
自动取款机（ATM）。客户可以在银行营业网点、大商场、宾馆等场所的自动取款机上获得包括存款、取款、转账、查询在内的各种服务。自动取款机不受银行工作日的限制，客户可得到一周 7 天、每天 24 个小时的全天候服务	
网上银行。网上银行从概念上讲有两种模式。一种是完全依赖 Internet 发展起来的全新的电子银行，此类银行几乎所有的业务都要通过互联网进行；网上银行的另一种模式是运用计算机和网络技术开展传统银行业务，如日常交易处理、发展家庭银行、发展企业银行等	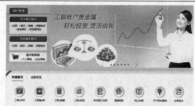
电子钱包。电子钱包是电子商务购物（尤其是小额购物）活动中常用的一种支付工具。在电子钱包内存放的是电子货币，如电子现金、电子零钱、电子信用卡等。使用电子钱包购物，通常需要在电子钱包服务系统中进行。电子商务活动中电子钱包的软件通常都是免费提供的。目前世界上有 VISA cash 和 Mondex 两大电子钱包服务系统	
SWIFT。SWIFT 是一种专用金融服务系统，用于处理电子票据的安全传输。SWIFT 使用专用网络进行电子支付，软件系统是专门设计的，对安全有严格要求，应用范围主要是企业与企业之间（如银行与银行或银行与普通企业）	

(三)物流配送

电子商务商流包括信息流、资金流、物流。充分利用现代信息技术,实现对信息流的管理,这也是电子商务与传统商贸相比最突出的特点。另外,电子商务还通过网上支付系统,实现对资金流的管理。但是,对大多数的商品实体,从供应商到消费者的物流过程,仍然需要物流系统最终完成。

1. 物流系统的一般概述

物流是指为满足用户需求而进行的原材料、中间库存、最终产品及相关信息从起点到终点的有效流动,以及为实现这一流动而进行的计划、管理和控制过程。在内涵上,现代物流包含了生产过程物流和流通过程物流。

对物流的分类,按物流活动的范围可分为国际物流、区域物流;按物流在供应链中的作用分为供应物流、生产物流、销售物流;按物流活动的主体可分为企业自营物流、专业子公司物流、第三方物流。

物流系统最基本的目标是实现物流对象的位移,它是一个有目的的位移过程,需要满足一定的合理性、经济性要求。一个完整的能满足经济合理性要求的物流过程,涉及到了采购、存储、运输、配送、流通加工、物流信息管理等环节。因此,物流系统包括了以下基本功能:

(1)运输。运输过程是物流流动性这一基本特征的体现。运输功能要实现载体的选择和运输过程的优化,满足安全、及时、经济、完整等要求。

(2)储存。储存是物流系统的一个重要功能。储存功能包括分拣、保管、堆存、维护等活动,要实现合理库存、降低储存成本,对某些类别的商品可追求"零库存"。

(3)包装。包装可分销售包装和物流包装,物流包装在于形成适合物流和配送的包装单元,有效保护商品,便于物流过程中的追踪管理,提高物流效率。

(4)装卸。是运送过程中的辅助环节,从效率追求上讲,应实现物品运输、装卸的单元化。

(5)流通加工。是将生产过程的一些末端环节放在流通过程中完成,如分装、称量、包装等,可根据消费者的需要进行加工,减少重复加工,促进市场营销。

(6)物流信息处理。物流与信息流是不可分的,要发挥物流"流"的特性,有效的信息管理是很必要的。

电子商务物流体现了信息化、自动化、网络化、智能化、柔性化等特点。

2. 电子商务物流系统模式

电子商务的优势之一就是能大大简化业务流程,降低企业运作成本,但这种成本优势的建立与保持必须以可靠、高效的物流运作作为保证。

(1)企业自营物流。企业自营物流即电子商务企业自身经营物流。在该方式下,企业会向仓储企业购买仓储服务,向运输企业购买运输服务,但这些服务都是限于一次或一系列分散的物流功能。

(2)物流企业联盟。物流企业为追求规模经济而结成联盟,他们通过签署合同形成优势互补、要素双向或多向流动、相互信任、共担风险、共享收益的物流伙伴关系,共同为某一电子商务客户服务，满足电子商务企业跨地区、全方位物流服务要求。

（3）第三方物流。第三方物流是指由物流服务的供方和需方之外的第三方实现物流服务的物流运作方式，它可以说是物流专业化的一种形式。

电子商务企业采用第三方物流方式，对于提高企业经营效率具有重要作用。首先，可以使电子商务企业专于自身业务，将有限资源配置在核心事业上；其次，第三方物流企业作为专门从事物流工作的企业，有丰富的专门从事物流工作的专家，他们具有丰富的专业知识和经验，有利于提高电子商务企业的物流水平。第三方物流企业是面向社会众多企业提供物流服务，可以站在比单一企业更高的高度、在更大的范围扩展业务。

3. 电子商务物流配送

配送是指在经济合理区域范围内，根据用户的要求，对物品进行拣选、加工、包装、分割、组配等工作，并按时送达指定地点的物流活动。电子商务物流充分利用了现代信息技术，网上完成物品的拣选与组配，是物流配送业务做到高效性、低成本性和个性化服务。与传统的配送相比，电子商务配送具有以下特点：

（1）虚拟性。是指在信息网络构筑的虚拟空间中进行的配送活动。通过对物流配送环境的虚拟，提高物流配送的合理性，具体体现在：一是通过建立配送中心订货虚拟系统，合理确定订购品种和规模；二是可以建立库存信息系统，虚拟库存品种和规模，合理确定库存的品种和规模；三是建立虚拟配货装配系统，合理的配货与装配，合理地进行人力和设备资源的分配；四是可以建立虚拟的送货系统，合理确认运输线路和时间等。

（2）高效性。通过电子商务供应链管理系统，对集货、组配、输送等环节可以实现高效率。此外，电子商务也可以迅速有效地完成信息的交流、单证的传输以及提高配送过程中的支付效率。

（3）低成本性。首先，配送双方可以有效利用电子商务技术和网上信息资源，减少库存规模，降低库存成本；其次，通过网上结算和单证传输，实现配送双方的结算成本和单证传递成本的降低。

（4）个性化服务。电子商务配送根据用户的不同需求提供一对一的配送服务，更好地满足不同用户的配送需求。

第三节　网　络　营　销

一　网络营销

营销是以满足人类各种需要和欲望为目的，通过市场变潜在交换为现实交换的活动总称。网络营销（Cybermarketing）就是市场营销的网络化，是指企业等组织借助于互联网络、计算机通信技术和数字交互式媒体的功能，通过交换各种商品来满足人们需求和欲望，实现营销目标的一种营销方式。

汽车网络营销的优势如下：

（1）宣传形式多样，内容丰富。汽车产业链条的多环节以及与外围产业的交叉，决定了汽车消费的多样性和复杂性，除了购车消费，汽车消费可以延伸到维修、养护、美容、配件、保险、信贷等,这就决定了消费者有所需求的时候便可以方便登录网络站点,享受网络平台提供的各种资讯和服务,网络广告可以利用文字、声音、图像、动画、三维空间、全真图像等多种手段,将产品全面、真实地提供给网络用户。这保证了网络媒介可以作为消费者的伙伴,在消费者购买行为发生前后的整个消费链条中,给予汽车用户全程关注和跟踪服务。

(2)宣传信息定位准确,传播即时。网络窗口式互动使得受众可以有针对性地选择广告的内容、详细程度、观看时间和次数。同时可以知道,通过点击进入的基本上是对广告内容或者企业的产品感兴趣的。还可以通过程序跟踪客户的来源和兴趣。网络媒介在传播信息方面具有快速实时的特点,这是传统媒体无法拥有的优势。对于消费者来说,使得消费者能够迅速了解汽车行业市场行情,第一时间掌握促销信息、降价信息、车型款式等。对于厂家和经销商来说,能够及时把握市场动态和竞争对手状况,积极调整行销战略,促进市场竞争。

(3)网络媒介搜索功能方便,消费者可准确定位目标产品和所需信息。消费者在登陆汽车网络频道或网站之后,可以通过检索功能,通过不同的指标,包括价格、品牌、车型、排放、所在城市等进行单检索或者复检索符合自己要求的车型。网络媒介的检索功能和超链接使得消费者能够方便地对产品进行比较,消费者在购买汽车之前,既要充分了解汽车信息,同时也非常看中不同车型之间的比较。因此,在横向比较便捷性这方面,网络媒介无疑对汽车消费者有很大的消费帮助。

二 汽车与配件网络营销的运作模式

网络营销采用的仍然是电子商务的运作模式。

1. B to C(面向消费者的网络营销)

在国内目前采用门户网站营销、微博营销、网上4S店等汽车网络营销模式。营销的内容主要包括产品信息、洽谈贸易、产品订购、客户咨询、售后服务,营销服务有电子订货、电子支付和物流配送等。

2. B to B(面向企业的网络营销)

企业与企业之间通过专用网络或Internet,进行数据信息的交换、传递、开展贸易活动的网络营销模式。汽车配件的营销有自己特定的营销网络,有特定的供应商和特定的用户,因此多采用该种网络营销模式。

三 网络营销的业务流程

1. 直销的业务流程

买卖双方直接利用网络形式开展营销活动,其特点是交易手续环节少、速度快、费用低。其流程为:

(1)消费者通过企业的网页提交其姓名、地址及所选货品的品种、规格、数量等。

(2)消费者选择支付方式,如信用卡和电子支票。

(3)企业通过客户服务器检查对方服务器,确定汇款额是否认可。

(4)企业的客户服务器确认消费者付款后,通过配送部门配送。

(5)消费者开户行,将支付货款项传送到消费者的信用卡公司,再由信用卡公司负责发给消费者清单。

为保证交易过程的安全,需有一认证机构对双方真实身份进行认证。

直销方式的优点是:

(1)减少交易环节,降低交易成本。

(2)直销能减少售后服务的技术支持费用。

直销方式的不足:

(1)购买者只能从网络上了解产品,而不能直接通过实物认识产品。

(2)对网上支付必须要有充分的技术保障。

2. 中介交易的业务流程

网络营销企业发挥的是中介作用,即通过建立网络商品交易中心,利用网络通信技术,将供应商、采购商和银行紧密联系起来,为客户提供市场信息、商品交易、仓储配送、货款结算等全方位的服务。

其业务流程为:

(1)买卖双方将各自的供、需信息通过网络告知网络交易中心,网络交易中心通过信息发布服务参与者提供大量的、准确的交易数据和市场信息。

(2)买卖双方通过网络交易中心,选择各自的贸易伙伴,签订合同。

(3)买方在网络交易中心指定银行办理转账、付账手续。

(4)网络交易中心通知卖方,将货物送到配送部门。

(5)买方验证货物后提货。

(6)网络交易中心,将货款转给卖方。

交易中心中介交易的优点:

(1)交易中心提供的是网上交易中介服务,掌握的商品交易信息量大,有比较旺盛的网络营销机制,有效地保证了网上交易的安全性。

(2)交易中心可以有效解决畅通交易中"拿钱不给货"和"拿货不给钱"两大难题。

(3)在结算方式上,交易中心一般采用统一集中的结算模式,开设统一结算账户,提高了资金的风险防范能力。

交易中心融入存在一些问题,目前的合同文本还在使用双方签字交换方式,如何过渡到电子合同,并在法律上得到确认,尚需解决享有的技术和法律问题。网上信息的充实有待于更多企业、商家和消费者的参与。

四 汽车与配件网络营销的发展策略

(1)网络广告营销要有新意、有创意。网络广告的主要形式有网幅广告、链接广告、邮件广告、飘浮广告和特殊广告。但是只有有新意的、有创意的广告才能让人留下深刻的印象,激发受众的消费需求和购买欲望。据中国互联网信息中心的调查,绝大多数网民不喜欢"弹出式"广告,汽车网络广告能否得到网民的认可,还需要研究网民对广告的心理,创新网络广告形式。

(2)完善网站的服务体系。服务永远是网站吸引顾客的手段。放眼我国专业汽车网站的长远发展，不但要把网站构架完美，对行业的服务与业内交流工作也必须做到位，这样才会使自己的品牌与内涵得到更好的传播。同时还要注重汽车网络服务的差异化。在内容发布、信息互动等方面要形成自己风格，在设计以及创意上应该有独到之处，和其他网站相比要有鲜明的特色。完善网站的服务体系还要注重有效互动，可以与一些国内知名网站的汽车频道和专业的汽车网站进行广告互换，网站互通友情链接，密切合作，资源共享，与汽车工业协会、行业协会等多家机构强强联合，共同发展与报纸、电视、电台等主流媒体形成战略合作伙伴关系，这样不但可以提高自身的服务质量，而且这种互动目的性强而又行之有效，同时节省了大量的营销费用。

（3）线上、线下整合营销。线上服务是指顾客通过网络不仅仅是了解汽车产品信息，还可以进行技术咨询；顾客除了在网上计算车贷还款金额，还可以完成网上支付、办理贷款业务；通过网络登记顾客信息，完成交税、上牌、购买车险等手续；购车后顾客能在网上获得售后技术咨询。线下服务是指汽车4S店与网店配合起来，为潜在顾客提供车辆的试乘试驾服务，使其亲身体验、感受汽车，激发购买欲望；顾客在网上完成支付后，在实体店完成提车，以保证在向顾客交车前经过专业人员的检查，提高顾客对购买到的新车的满意度；对于维护与维修服务，顾客可以在网上完成咨询和购买服务内容，具体的技术操作在通过了网店进行技术比较和筛选的维修服务站进行，以保证服务质量。

本 章 小 结

（1）电子商务是利用现代网络技术开展的商务活动，是依托互联网发展起来的经济模式。电子商务可定义为：在互联网技术下，实现消费者的网上购物、商户之间的网上交易和在线电子支付的一种新型商业运营模式。

（2）电子商务在应用中体现了高效性、服务性、全球性、安全性等特性。

（3）电子商务按照交易的内容分为直接电子商务和间接电子商务；按照涉及的交易对象分为企业对企业的电子商务（B to B 或 B2B）、企业对政府的电子商务（B to G 或 B2G）、企业对消费者的电子商务（B to C 或 B2C）、政府对消费者的电子商务（G to C 或 G2C）、消费者对消费者的电子商务（C to C 或 C2C）；按照网络类型分为 EDI（电子数据交换）商务、Intranet（企业内部网）商务、Internet（国际互联网）商务、Extranet（企业外部网）商务。

（4）电子商务包括网上订购、网上广告、咨询洽谈、网上支付、物流服务、网上竞标、网上调查、业务管理等多项功能。

（5）电子商务技术包括有计算机网络技术、安全认证技术、网上支付、物流保障技术等。

（6）网络营销就是市场营销的网络化，是指企业等组织借助于互联网络、计算机通信技术和数字交互式媒体的功能，通过交换各种商品来满足人们需求和欲望，实现营销目标的一种营销方式。

（7）网络营销有 B to C（面向消费者的网络营销）、B to B（面向企业的网络营销）两种基本运作模式。

（8）网上直销和中介交易的业务流程。

思考与练习

一、填空题

1. 电子商务是在_____技术下，实现消费者的网上购物、商户之间的网上交易和在线电子支付的一种新型商业运营模式。
2. 电子商务在应用中体现了_____、_____、_____、_____等特性。
3. 电子商务的技术基础包括_____和_____。
4. 网络营销有_____和_____两种基本运作模式。

二、选择题

1. 企业与企业间的电子商务简称之为（　　）。
   A. B to C　　　　B. B to B　　　　C. B to G　　　　D. G to C
2. 企业对政府间的电子商务简称之为（　　）。
   A. B to C　　　　B. B to B　　　　C. B to G　　　　D. G to C

三、判断题

1. 直接电子商务是向客户提供的实体商品（又称有形商品）及有关服务。（　　）
2. 第三方物流是指由物流服务的供方和需方之外的第三方实现物流服务的物流运作方式，它可以说是物流专业化的一种形式。（　　）

四、简答题

1. 电子商务的分类有哪些？
2. 电子商务的功能有哪些？
3. 电子商务的关键技术有哪些？
4. 网络营销中介交易的业务流程可分为哪几个步骤？

参 考 文 献

[1] 王俊喜,马骊歌.汽车保险与理赔[M].北京:北京理工大学出版社,2010.
[2] 刘焰.汽车及配件营销专门化[M].北京:人民交通出版社,2003.
[3] 刘有星,钟声.汽车配件管理[M].北京:人民交通出版社,2013.
[4] 李永生,郑文岭.仓储及配送管理[M].北京:机械工业出版社,2004.
[5] 陈科鹤,黄春元.电子商务实务教程[M].北京:清华大学出版社,2002.